FILOSOFÍA DE LAS MANOS

MANUEL F. LORENZO

© Manuel Fernández Lorenzo, 2023

I.S.B.N.: 978-1-4477-1280-0

Edita: Lulu.com / Morrisville NC 27560 (North Carolina)

Printed in United States

Índice

Introducción

Me propongo en este escrito llevar a cabo una nueva exposición de lo que denomino Filosofía de las Manos o Pensamiento Hábil, de un modo más completo y resumido que lo expuesto por mí en anteriores libros o artículos. Una exposición dirigida a la comprensión de un público interesado por las cuestiones filosóficas actuales que, aunque no tenga por qué tener un conocimiento preciso de los arduos trabajos académicos del denominado Materialismo Filosófico de Gustavo Bueno, si es necesario que se esté familiarizado de algún modo con algunos aspectos de su filosofía, a los que aludiremos a lo largo de la exposición, en la que estas investigaciones sobre las manos y su central papel en la racionalidad humana tuvieron inicio. Pues, dichas primeras obras (*Introducción al Pensamiento Hábil* (2007), *Principios filosóficos del Pensamiento Hábil* (2009), *Pensar con las manos* (2017), *La razón manual* (2018)), en las que expuse lo que denomino Filosofía de las Manos, exigían para su comprensión un previo conocimiento de la filosofía de Gustavo Bueno, el denominado Materialismo Filosófico, en la que me he formado como alumno, discípulo y colaborador suyo, sobre todo, tras mi ingreso en el puesto de Profesor de la Universidad de Oviedo, pasando a ser integrante de la denominada Escuela de Oviedo durante un largo periodo de unos 15 años. Tras mi salida de dicha Escuela, a pesar de mis esfuerzos por encontrar alguna consideración de mis nuevos desarrollos filosóficos por parte de sus miembros integrantes, he recibido más bien la impresión de que, como se dice vulgarmente, no hay mejor desprecio que no hacer aprecio, pues con excepción de mis trabajos previos de investigación doctoral sobre la obra póstuma de F.W.J. Schelling, - que han merecido un largo y elogioso Prólogo del propio Gustavo Bueno cuando fueron publicados en forma de libro (Manuel F. Lorenzo, *La última orilla, Introducción a la* Spätphilophie *de Schelling*, Prólogo de Gustavo Bueno, Pentalfa, Oviedo, 1989)-, mi obra posterior, en la que presento una nueva propuesta de fundamentación de la filosofía, denominada inicialmente como Pensamiento Hábil, no ha recibido por parte de dicha Escuela ni la más mínima atención, si acaso algún que otro rechazo basado en el insulto y la incomprensión de algún miembro aislado. Solamente algunos alumnos y amigos se han dirigido a mi interesándose por mis nuevas propuestas filosóficas y animándome apasionadamente a continuarlas.

Más recientemente he recibido la invitación para exponer mis nuevas ideas filosóficas, en relación con su origen en el Materialismo Filosófico de Gustavo Bueno, en el canal de Youtube Encuentros de Humanidades y Filosofía, dirigido por Antonio Muñoz Ballesta, editado con el título de "Manuel F. Lorenzo, la filosofía de las manos":

https://www.youtube.com/watch?v=IJoDnLIOsQs&list=PLmFm 1KQ5M14PiZpCuyjCPe-fQ3aXbmcHI

No obstante, he observado que dicha presentación de mi filosofía, aunque puede ser recomendable para entender la génesis del Pensamiento Hábil de una forma clara y precisa, por estar expuesta de un modo coloquial y tratando de evitar los formalismos académicos, tiene el problema de que presupone en los oyentes cierto conocimiento del propio Materialismo Filosófico de Gustavo Bueno y de su evolución.

Por ello, partiendo de lo manifestado en dicho vídeo, trataré de exponer brevemente -de un modo que el lector pueda seguirme sin precisar un conocimiento técnico y preciso de la extensa obra de Bueno- cómo ha surgido mi propia posición filosófica a partir de los previos e innovadores desarrollos filosóficos de dicho filósofo en los que tuve la fortuna de formarme en mis inicios. En tal sentido, especialmente influyente fue la obra de Bueno *Ensayos materialistas* (1972), en la que se proponía una Ontología materialista sustituyendo la Idea tradicional de Ser de la Metafísica general de Christian Wolff por la de Materia ontológico-general y las tres Ideas de la Metafísica especial de Wolff, Mundo, Alma y Dios, por Tres Géneros de Materialidad (M_1, M_2, M_3). De ella se derivaba un amplio y ambicioso proyecto de investigación aplicado a la Historia de la Filosofía, que el propio Bueno empezó a desarrollar en su obra *La Metafísica Presocrática* (1974), y después continuamos algunos discípulos, entre los que destacan Vidal Peña o Ricardo Sánchez-Ortiz de Urbina. En mi caso, fue resultado suyo mi tesis doctoral dedicada a la filosofía tardía de Schelling y publicada como libro, con un amplio Prólogo de Gustavo Bueno, con el título de *La última orilla. Introducción a la Spätphilosophie de Schelling* (1989).

A pesar de la innegable utilidad hermenéutica de dicha sistematización y modernización de la Ontología llevada a cabo por Bueno, al rescatarla de la metafísica onto-teológica tradicional, de una forma similar a como Karl Popper había hecho con su teoría de los Tres Mundos en su obra *On the Theory of the objetive Mind* (1968), quedaban algunas cuestiones pendientes de fundamentación que no estaban entonces claras. Una de ellas surgió precisamente en algunas reseñas críticas de *Ensayos materialistas* que Fernando Savater llevó a cabo en algunos artículos publicados en la Revista *Triunfo* y otros posteriores. En tales críticas, si no recuerdo mal, el propio Fernando Savater había planteado la pregunta de porqué había 3 Géneros de Materialidad y no 7. La respuesta que se le dio era que ya se contenía en una Tabla de Correspondencias -insertada en el libro de Bueno-, entre los Tres Géneros de Materialidad y Conceptos filosóficos de diferentes Sistemas filosóficos clásicos. Pues la correspondencia se podía establecer, por ejemplo, entre una amplia lista de filósofos, con la tripartición de los estoicos entre Física, Ética y Lógica, con la de Hegel entre Naturaleza, Espíritu y Lógica, o con los Tres Mundos de Popper o los Tres Reinos de Simmel. El problema era que tal respuesta era un argumento de autoridad, más que una deducción o fundamentación de tal tripartición. Además, la crítica era importante porque Bueno mantenía que su filosofía era un Sistema y por tanto no bastaban los argumentos de autoridad. Esta crítica, aunque no podría precisar ahora si provino realmente del propio Savater, pues no he podido localizar el artículo en cuestión que leí en entonces, quedó grabada en mi memoria, aunque en aquel momento no le di especial importancia. Fue posteriormente cuando, impulsado por mi interés de llevar a cabo una asimilación crítica y no meramente repetitiva de la obra de Bueno, me vi obligado a plantearme una respuesta a dicha pregunta. Pues el propio Bueno mantenía que su filosofía era un nuevo Sistema y no una mera rapsodia de filosofemas o una mera actualización del materialismo del DIAMAT Soviético. Pero, entonces había un problema, pues tenía que ser posible una deducción o justificación racional de la Doctrina de los Tres Géneros dentro del propio Sistema.

La Idea de Sistema filosófico es propia de la modernidad, sobre todo a partir de Descartes. Esta inspirada en la sistematización de la Geometría. Siguiendo su modelo Descartes pretendía descubrir nuevas verdades seguras en filosofía, de un modo similar a como las Matemáticas, en tiempo de los griegos y en su propio tiempo con la aparición de la Geometría Analítica que el propio Descartes contribuyó a crear, permitieron avances espectaculares en las ciencias físicas con Kepler y Galileo. Descartes pretendía establecer en Filosofía unas primeras evidencias claras y distintas, captadas de forma intuitiva, para apoyarse en ellas como un *fundamentum in concusum* a partir del cual, y de modo rigurosamente deductivo, ir obteniendo verdades filosóficas seguras, cuya evidencia descansaba y era garantizada en último término por las evidencias intuitivas primeras de las que se partía. Sería Spinoza, que al parecer reprochaba a Descartes haber expuesto su filosofía según un método meramente analítico, por lo que se propuso una exposición deductiva o sintética de la propia filosofía cartesiana, -según nos cuenta Luis Meyer en su Prefacio a la edición de los *Principios de filosofía de Descartes* de Spinoza- el que, en su famosa *Ética*, compondría una filosofía demostrada sintética y deductivamente al modo de los geómetras, como reza el propio título completo de dicha obra. Posteriormente, Fichte se inspiraría especialmente en Spinoza, -que había sido reconocido como un gran filósofo en Alemania por figuras culturales tan influyentes como Goethe o Lessing, después de una larga proscripción-, para crear el denominado primer Sistema del Idealismo alemán a partir de la obra también predominantemente crítico-analítica de Kant.

Fichte abriría el paso a los grandes Sistemas de Schelling y, sobre todo, del de Hegel, de gran influencia en el marxismo más escolástico de Engels y el DIAMAT soviético y, por ello, de gran influencia indirecta en los *Ensayos materialistas* de Gustavo Bueno.

En esta obra Bueno trataba de corregir el Materialismo monista de Engels y el DIAMAT, muy influidos por el hegelianismo, que pretendían explicar sistemáticamente la realidad partiendo de la Idea de Materia en vez de partir del Yo de Fichte o del Espíritu Absoluto hegeliano. Gustavo Bueno proponía un Materialismo no monista que entendía la Materia originaria, o Materia Ontológico General, como una pluralidad de *partes extra partes* irreductibles a una unidad. Pero Bueno consideraba que desde esta Materia Ontológico General no es posible deducir, al modo monista, el Mundo como un compuesto de Tres Géneros de Materialidad Ontológico Especial. Ello estaría imposibilitado racionalmente por un dialelo argumentativo de tipo antrópico, que abre un hiato imposible de saltar deductivamente entre la materia originaria y el mundo actual, a diferencia de lo que sostenía el DIAMAT, el cual consideraba, en la línea, por ejemplo, que hoy sostiene la Teoría del Big-Bang, que todo lo que existe sale y se deduce de un primer estado de la materia física.

El uso que Bueno hace del término "Materia", por tanto, no es unívoco, sino que pretende ser análogo, ya que Bueno distingue la materia física (M_1) de la materia psicológica (M_2) y de la materia lógica (M_3). Pero esto da, sin embargo, lugar a equívocos entre los que consideran que la materia es solo la materia física, como ocurre con el DIAMAT. Es cierto que en español se puede usar la palabra "materia" de modo análogo, por ejemplo, cuando se habla de la materia de un poema o de algo objeto de estudio como, por ejemplo, las materias o contenidos de un curso universitario. Con ello no se pretende significar algo físico, como las letras del poema o los manuales o libros del curso, sino algo contenido en ellos, como el asunto del que trata el poema o los contenidos literarios, científicos, etc., desarrollados en el curso. Por ello, más que materia, habría que usar aquí la palabra realidad, en el sentido del Ser o existir, para referirse a Tres Dimensiones de la realidad en vez de a Tres Géneros de Materialidad. Pues a Bueno le sucede en dicha obra lo mismo que a Spinoza, en el cual se inspira en parte importante de su filosofía (podríamos hablar incluso de la filosofía de Spinoza-Bueno como se habló de la filosofía de Leibniz-Wolff), cuando sostiene que hay una Substancia infinita, que contiene infinitos Atributos dados de infinitos Modos, pero que solo conocemos dos, Pensamiento y Extensión. Para Bueno hay una

Materia infinita de la cual solo Tres Géneros son los que constituyen el Mundo que conocemos como dado a nuestra escala antrópica. Pero, así como Spinoza no deduce Pensamiento y Extensión, sino que los introduce de hecho -como han observado interpretes como Vidal Peña en su obra *El materialismo de Spinoza* (1974)-, Bueno, en sus *Ensayos materialistas*, tam-poco justifica racional o deductivamente que haya Tres Géneros de Materialidad Ontológico Especial y solos Tres. Y ello porque M es solo el resultado al que se llega tras un *regressus* que parte de Mundo ya dado. Es por ello un concepto puramente negativo a partir del cual no se puede hacer el *progressus* hacia el Mundo. Por ello M no se puede considerar como el verdadero fundamento deductivo de otras partes de su filosofía como la Doctrina de los Tres Géneros de Materialidad.

Eso me llevó a la pregunta por el verdadero fundamento que podría explicar por qué hay Tres Géneros y no siete, por ejemplo. Asimismo, mi interés por la obra de Bueno me condujo a plantearme problemas de fundamentación, a preguntar por el fundamento de esta filosofía de la que admiraba muchos resultados crítico-analíticos nuevos que aportaba en campos tan diversos como las explicaciones, que fue posteriormente desarrollando, del conocimiento científico, de las relaciones políticas, religiosas, éticas y morales, etc., en las cuales siempre suponía un fundamento materialista. Pero mi constatación de que había problemas en tal fundamentación o construcción última sintético-materialista, me llevó finalmente a centrarme en esta parte, ya no meramente critico-analítica, sino sintético-deductiva que se me aparecía de forma claramente problemática en la obra de Bueno, más que a limitarme a la mera repetición escolar de ella.

La obra de Bueno es muy extensa, no solo en libros, artículos, entrevistas, vídeos, etc., sino también en el tiempo. Son más de 40 años de investigación filosófica desde los *Ensayos materialistas* (1972), por ejemplo, hasta su último libro *El Ego trascendental* (2016), en el que precisamente analiza la Idea de Ego (E), que era el tercer Ensayo que faltaba a los *Ensayos materialistas*, pues estos solo trataban de la Materia Ontológico General (M) en el Ensayo I y del Mundo constituido por los Tres Géneros de Materialidad (M_i) en el Ensayo II. Para redactar este análisis de la Idea de Ego necesitó de una larga evolución en la que pasa a primer plano lo que podemos denominar como la investigación *operatiológica* llevada a cabo en sus análisis y teorización del proceder científico realizados en su *Teoría del Cierre Categorial* (5 vols., 1992-93). Es entonces cuando la preocupación gnoseológica desplaza en Bueno, a nuestro juicio, a la puramente ontológica de los *Ensayos* y aparecen los nuevos planteamientos que le permitirán deducir los Tres Géneros. El propio Bueno rescatará en su última época la idea de una Noetología que había formulado ya en su polémico libro *El papel de la filosofía en el conjunto del saber* (1970), pero que solo ahora se presentaba como una disciplina que debía explicar, no solo el conocimiento científico, sino el conocimiento racional general común también al arte, a la técnica, etc. Pero Bueno, ya al final de su vida, no llegó a desarrollar esta Noetología. Por nuestra parte hemos tratado de desarrollar un proyecto gnoseológico similar en nuestra obra *La razón manual* (2018), en la que tratamos de fundamentar la racionalidad humana de una forma nueva, muy diferente de la tradicional aristotélica, que ya definía al hombre como un "animal racional", como de la idealista kantiana basada todavía en supuestos de estructuras racionales aprioristas, apoyándonos precisamente para ello en las potencialidades, más que en las actualidades, del Materialismo Filosófico del propio Gustavo Bueno.

En una obra de tan larga duración como la de Gustavo Bueno, consideramos que su interpretación no puede quedar fijada ya en el principio, pues ésta fue evolucionando y cambiando. Su interés se fue desplazando desde las cuestiones ontológica hacia el papel gnoseológico del sujeto racional humano y sus operaciones al desarrollar y pulir sus explicaciones sobre el conocimiento científico. Por todo ello fue grande mi sorpresa cuando el propio Bueno, 20 años después de la publicación de los *Ensayos materialistas*, consigue responder de forma deductiva a la pregunta de porque hay solo Tres Géneros de Materialidad. Ello ocurrió en un pequeño escrito sobre la voz "Materia" realizado por encargo de una enciclopedia filosófica alemana. En él se plantea Bueno, casi dos décadas después de la publicación de *Ensayos materialistas*, buscar un "hilo conductor", parodiando al Kant de la Deducción Metafísica de las Categorías, que le permita una deducción de los Tres Géneros de Materialidad:

"Es evidente que, si este hilo conductor o criterio deductivo existe, deberá estar vinculado al contexto mismo originario de la idea de materia determinada, el contexto tecnológico transformacional. Ahora bien, desde un punto de vista sintáctico, todo sistema tecnológico comporta tres momentos o, si se prefiere, sus constituyentes pueden ser estratificados en tres niveles diferentes: el *nivel de los términos*, el de las *operaciones* y el de las *relaciones*. Las transformaciones en cuyo ámbito suponemos se configura la idea de materia determinada tiene siempre lugar entre *términos*, que se componen o dividen por *operaciones*, mejor o peor definidas, para dar lugar a otros términos que mantienen determinadas *relaciones* con los primeros. En las transformaciones de un sílex en hacha musteriense, los *términos* son la lajas, ramas o huesos largos; *operaciones* son el desbastado y el ligado y *relaciones* las proporciones entre las piezas obtenidas o su disposición (...) En suma, parece obligado concluir que la materia determinada, en el contexto de las transformaciones operatorias, se nos ofrece como una realidad sintácticamente compleja, en la cual se entretejen momentos de, por lo menos, tres órdenes o géneros muy distintos, pero tales que todos ellos son materiales (...) La materia determinada se nos dará, bien como una materia determinada del *primer género* (por ejemplo, como una multiplicidad de corpúsculos codeterminados), o bien como una materia del *segundo género* (una multiplicidad de operaciones interconectadas), o bien como una materia del *tercer género* (por ejemplo, una multiplicidad de razones dobles constituyendo un sistema)" (Gustavo Bueno, *Materia*, Pentalfa, Oviedo, 1990, pp. 30-31).

Entonces resulta que es el "contexto tecnológico transforma-cional" el hilo conductor que finalmente le permite justificar filosóficamente que hay Tres Géneros y solo tres. Dicho contexto es, a nuestro juicio, la base o raíz generadora de una gnoseología constructivista circularista, del tipo de la asumida por el propio Gustavo Bueno, junto con Piaget y otros, como alternativa a las gnoseologías del descripcionismo positivista, del teoreticismo kantiano o del adecuacionismo aristotélico. Precisamente el construccionismo circularista y dialéctico, que parte de la interacción entre el Sujeto y el Objeto, es iniciado modernamente por Fichte. Con él se abrirá paso una concepción del Sistema filosófico, no ya al modo de una cartesiana o spinozista deducción lineal a partir de un fundamento, sino como una construcción deductiva circular y dialéctica. Un Sistema será ahora el resultado de una totalización de unas partes o términos entre las cuales se establecen relaciones producto de determinadas acciones u operaciones que, más que descansar en un fundamento estático y sustancial (como ocurría todavía en Descartes y Spinoza), consigue flotar y mantenerse como si la realidad fuese un mar sin fondo, como si no existiese una "cosa en sí" detrás de los fenómenos. Pero Fichte, no obstante su interés por la tecnología, a diferencia de Kant, se planteó el construccionismo cognoscitivo de un modo todavía idealista o "mentalista", partiendo de las acciones (*Tathandlungen*) y operaciones del Yo Trascendental kantiano, convertido por él en nuevo *fundamentum inconcusum*.

Fue entonces cuando surgió, por ello, en mi un interés especial por la obra de Fichte debido a que comprendí que, así como Gustavo Bueno había elaborado la Ontología de *Ensayos materialistas* sobre la división de Christian Wolff, -considerado el formulador de la Metafísica moderna u Ontología, tomada como modelo por Kant en su *Crítica de la razón pura*-, entre una *Metafísica generalis*, que trataba del Ser y una *Metafísica specialis*, que trataba de Dios del Alma y del Mundo, habría que preguntar entonces quien se podía considerar el modelo más desarrollado en la Filosofía idealista Moderna de una Gnoseología o Teoría del Conocimiento. A mi juicio, la respuesta a tal pregunta era que este modelo lo encarnó en su tiempo Fichte con su famosa *Wissenschaftslehre*, en la cual organiza y desarrolla todo el conocimiento humano a partir de sus famosos Tres Principios de los *Grundlage der gesamten Wissenschaftslehre* de 1794. Pero habría, todavía, que reelaborar tales Tres Principios de un modo no Idealista, de la misma manera que Bueno reinterpretó la Metafísica onto-teológica de Wolff en términos materialistas sustituyendo el Ser por la Materia Ontológico General y las Ideas metafísicas especiales de Mundo, Alma y Dios por los Tres Géneros de Materialidad. En tal transformación, Bueno se remitió a filósofos contemporáneos como Popper, especialmente a su Teoría de los Tres Mundos en la que, apoyándose en Platón y los estoicos, sostiene que para superar el tradicional dualismo de Alma (*mind*) y Cuerpo habría que postular un Tercer Mundo, el mundo de la Ideas o entidades matemáticas de Platón. Gustavo Bueno asimila de un modo semejante, aunque discrepando del darwinismo mecanicista de Popper, el Dios de los filósofos wolffiano con este Tercer Mundo popperiano, considerándolo como Tercer Género de Materialidad para evitar entenderlo al modo de una tercera sustancia metafísica hipostasiada.

Por ello, el propio Bueno se apercibió, con el paso del tiempo y el desarrollo de sus investigaciones gnoseológicas, de que había problemas de fundamentación en su filosofía, como el de los propios Tres Géneros, que había que resolver de modo deductivo y sistemático. Así, se interesó entonces, y de modo especial en *El sentido de la vida* (1996), por comprender mejor que se entendía por Sistema, cuando hablamos por ejemplo de un Sistema filosófico o científico. Para ello se remitió particularmente, dado el contexto de sus desarrollos de la Teoría del Cierre Categorial, a la sistematización que Newton había hecho de la Física clásica según sus famosos Tres principios de la Mecánica. Se pregunta Bueno entonces porque Newton consigue establecer o "cerrar" de una forma sistemática el campo de la Física Clásica. La clave cree que está en la configuración básica que conforman sus famosos Tres Principios: el Primer Principio de la Inercia, el Segundo Principio de la Fuerza (Masa por Aceleración) y el Tercer Principio de la Acción y Reacción. Con ellos Newton estableció una estructuración operatoria que Bueno pone en relación con los Principio básicos de la Gnoseología operatoria resultante de lo que llama el "complejo tecnológico transformacional". De tal modo el Primer Principio de Newton es un Principio de los Términos o "masas inerciales" de que trata la Física, el Segundo Principio es el Principio de las Operaciones con las que captamos los cambios de movimiento en función de las fuerzas actuantes, y el Tercer Principio es el Principio de las Relaciones derivadas de la Acción Recíproca entre las masas, de la que se acabará derivando la relación expresada como ley universal que se expresa en la Ley de Gravitación.

Pero Bueno extiende también esta estructuración en Tres Principios gnoseológicos a los Principios que rigen la Ciencia política, comparándolos con los Tres famosos Principios de la Revolución Francesa, que son la base de la modernización política: el Principio de la Libertad como Principio de los Términos políticos, los ciudadanos libres, el de la Igualdad como el Principio de las Operaciones que regulan las fuerzas sociales, y el de la Fraternidad como el Principio de las Relaciones que regulan la cooperación basada en la reciprocidad. La diferencia entre los Principio físicos y los políticos residiría en el grado en que se puedan eliminar las operaciones de los términos objeto de estudio. Cuando esta eliminación se consigue, por neutralización de las operaciones, tales Principios pasarían a ser constitutivamente verdaderos. mientras que cuando esto no es posible, como en el caso de las relaciones políticas por la imposibilidad de reducir a los individuos actuantes a meras masas inerciales, dada el supuesto de la propia capacidad recursiva y de retroalimentación auto-regulativa de su conducta, entonces se consideran Principios postulatorios, cuya naturaleza no permite cierres científicos categoriales necesarios y universales, sino cierres que permanecen siempre abiertos. De este tipo serían también los cierres que se pueden establecer en materias filosóficas, con la diferencia de que ahora, para decirlo en términos de Kant, se trata de Ideas de la Razón y no de Conceptos científicos del Entendimiento. Concibiendo ahora, por ello, las Ideas filosóficas, como hace Bueno, en cuanto entidades que derivan, no tanto de la composición de juicios o proposiciones científicas aisladas (como mantiene todavía el propio Kant), cuanto de la reflexión de segundo grado sobre las propias ciencias y de las técnicas de las que derivan, las cuales generan unas Ideas que no se reducen a conceptos particulares roturados exclusivamente en los campos científicos y tecnológicos, sino que semejan a los olivos en los municipios andaluces, que brincan más allá de los límites de los municipios en que fueron plantados y se extienden por una espacio muchísimo mayor e irreductible a su mero control local como es la entera región andaluza. Por ello Ortega sostenía en relación con la producción olivarera, que ello exigía, para una mejora y mejor organización de la producción olivarera, base de la riqueza económica andaluza, la creación de un organismo general de control y regulación de dicha producción con el fin de disponer de medios más potentes de intervención para superar los obstáculos que plantean las cegueras localistas. (Aquí está la base de la Idea de Descentralización Autonómica que propuso Ortega y no en supuestos lingüísticos o nacionalistas fragmentarios, como se ha desarrollado en la España actual, amenazando con la destrucción del país en vez de conseguir su vertebración). Las Ideas filosóficas, por tanto, son más generales que las categorías o conceptos científicos en tanto que brincan y desbordan sus campos al modo

15

como la Idea de Espacio es tratada por la Física, pero también por la Geometría o por la Psicología Genética que lo entiende como el resultado de un cierre algebraico operatorio aplicado al conjunto de los desplazamientos de un individuo.

Por ello, la elaboración de un Sistema filosófico debe buscar unos Principios de los Términos, las Relaciones y las Operaciones que mantienen la Ideas filosóficas de modo similar, aunque no idéntico, al que lo hacen las sistematizaciones científico-categoriales. En tal sentido he tratado de interpretar la famosa Teoría de Fichte de los Tres Principios del Conocimiento, a partir de los cuales erige su Sistema filosófico, de un modo similar a como Newton erigió su Sistema Mecánico de la Física. De tal modo, el Primer Principio de Fichte, "el Yo pone al Yo", sería un Principio de los Términos, en tanto que los sujetos cognoscentes no son objetos inerciales ni meras sustancias cartesianas, sino sujetos cuya naturaleza es la acción de ponerse a si mismos; el Segundo Principio, "al Yo se opone un No-Yo", sería el principio de las Operaciones, y el Tercer Principio, "en el Yo, un Yo limitado se opone a un No-Yo limitado", resultante según Fichte de un postulado de limitación y un principio de oposición recíproca; a partir de dicho Tercer Principio, que sería un Principio de las Relaciones, Fichte trata entonces de deducir todas nuestras representaciones cognoscitivas del mundo. Pero Fichte hace esto dentro del marco de una Filosofía Idealista tan criticable para nosotros como lo fue la Metafísica wolffiana para Bueno. Pero crítica no quiere decir aquí rechazo total de lo propuesto por Fichte, sino criba, arrojar el agua sucia, pero no al niño.

Se trataría entonces, por nuestra parte, de apoyarnos de modo análogo a como hizo Gustavo Bueno para rectificar la Ontología de Wolff, en Teorías del Conocimiento contemporáneas que no fuesen idealistas, pero que guardasen una semejanza esencial con la Teoría del Conocimiento fichteana, para trasponerla, conservando su estructura esencial de circularismo constructivista, a un marco de una filosofía no idealista. En tal sentido podemos considerar la Epistemología Genética de Piaget, -aunque el propio Piaget no haya estado influido directamente por el conocimiento de la obra de Fichte-, como guardando unas semejanzas que nos permiten desarrollar sistemáticamente la Gnoseología que creemos precisa para fundamentar filosóficamente el "contexto tecnológico transformacional" al que remite Gustavo Bueno para la deducción de los Tres Géneros.

La analogía principal que nos permite conectar a Fichte con Piaget (hemos desarrollado más detalladamente una interpretación de la filosofía de Fichte desde Piaget en Manuel F. Lorenzo, *Meditaciones Fichteanas*, Logos, Berlín, 2014), reside en que ambos consideran que la explicación del conocimiento debe partir de las acciones y no tanto de las sensaciones. Estas se siguen considerando, pero solo en tanto que subordinadas a las acciones. En Fichte tales acciones (*Tathandlungen*) son acciones u operaciones de un Yo interior, dado en relación consigo mismo por la Autoconciencia. Pero en Piaget se abandona este Idealismo de la Conciencia al considerar el sujeto de las acciones como un ser vivo, corpóreo-operatorio, dado en relación originaria, no ya consigo mismo, sino con un medio entorno del que depende principalmente para su supervivencia y no solo para el desarrollo de su Conciencia. Por ello Piaget investiga el desarrollo del conocimiento inteligente de los niños observando, en relación con un medio vital, sus acciones y operaciones corporales, como el chupar, coger objetos, arrojarlos, golpearlos, etc., ya desde un periodo sensorio-motriz anterior a los dos años en que todavía no hablan y por tanto no pueden tener representaciones de sus acciones en un yo auto-consciente. Tales acciones inteligentes, por tanto, no brotan, según Piaget, de la interioridad de la conciencia, como en Fichte, sino que derivan evolutivamente de la transformación de instintos biológicos previos, como el instinto de mamar o el de cerrar la mano en los bebes, como actos reflejos de los que derivan primero los hábitos de chupar y las habilidades manuales. Piaget esta ya inmerso en un biologismo evolucionista darwiniano, aunque en una perspectiva filosófica que podíamos denominar como la de un vitalismo anantrópico, ya que su biologismo se da en continuidad con el desarrollo cognitivo de animales, como los chimpancés, sin marcar claramente una diferencia entre animales y humanos. Pues la diferencia entre la inteligencia de un niño y un chimpancé, según Piaget, es que el desarrollo de este último se detendría en unos meses, mientras que el niño requiere años para su maduración intelectual.

Desde el punto de vista ontogenético de la Psicología infantil, en que se sitúa Piaget, es difícil sostener otra cosa. Para ello habría que recurrir a la Antropología evolucionista en la que se percibe la dimensión filogenética, complementaria de la anterior, para poder marcar una diferencia irreductible entre el conocimiento humano y el meramente animal. El propio Piaget, como sostiene en su entrevista con Jean-Claude Bringuier, en *Conversaciones con Piaget* (Gedisa, Barcelona, 2004), había contemplado en sus iniciales planteamientos epistemológicos la necesidad de esta perspectiva filogenética antropológica, pero debido al precario desarrollo empírico de la Paleoantropología a principio del siglo XX, optó por centrarse en la ontogenia, para la cual disponía de unas posibilidades experimentales mayores y más fiables debido a la posibilidad de repetir las observaciones indefinidamente, pues todos los días nacen nuevos niños a los que se puede observar, mientras que los datos y descubrimientos de la Antropología evolucionista eran azarosos y por entonces muy precarios. Pero, será en la segunda mitad del siglo XX cuando se empiecen a producir descubrimientos antropológicos que conducirán a final de siglo, como refleja ampliamente la obra de Frank R. Wilson, *La mano. De como su uso configura el cerebro, el lenguaje y la cultura humana* (Barcelona, 2002), al establecimiento de las grandes diferencias entre la mano humana y la mas próxima a nosotros de los simios, las cuales posibilitaron la aparición de las técnicas de fabricación de hachas y de una industria lítica, ya en los homínidos a partir del *homo habilis*, que marca el paso de las meras acciones rutinarias de los animales a las acciones normativas humanas, que precisan para su producción, mantenimiento y desarrollo de lo que denominamos instituciones antropológicas permanentes como el taller artesano, por ejemplo.

La mano humana, que aparece ya claramente diferenciada de la mano de los simios en la australopiteca Lucy, habría sido la palanca o Rubicón que marca el paso del animal al hombre, no tanto porque los animales careciesen de técnica alguna, como porque la mano humana es capaz de realizar prensiones de los objetos, ya sea en pinza para lanzar objetos con la fuerza y la precisión de un proyectil, ya sea en el martillear, enhebrar una aguja o producir fuego frotando un palillo, cosas que ningún animal es capaz de hacer (Ver Collin Mc Ginn, *Prehension. The Hand and the Emergence of*

Humanity, The Mit Press, 2015) Ello conlleva una capacidad de transformación del medio que permite una puesta progresiva y creciente de la naturaleza en torno a nuestro servicio, aumentando nuestra capacidad de supervivencia como especie y el control y dominio del resto de las especies animales con las que estábamos en competencia en la darwiniana lucha por la vida.

No obstante, Piaget presenta el desarrollo del conocimiento según unas afirmaciones que nos permiten reinterpretar los Tres Principios de Fichte en una perspectiva vitalista. Aunque dicha perspectiva no la entendemos al modo Anantrópico, propio de un Vitalismo filosófico monista, próximo al de Bergson, como el que mantuvo el joven Piaget, sino según un modo Antrópico y concebida dentro de un Vitalismo pluralista como el sostenido por Ortega y Gasset, en el que la Vida humana no se reduce a ser una mera continuación de la Vida biológica, tal como defendió en "Ni vitalismo ni racionalismo" (1924).

En primer lugar, el Primer Principio de Fichte, "el Yo pone al Yo", es el que proclama la Autonomía del Yo. Fichte entiende al Yo como la acción de ponerse a si mismo, como una especie de Causa Sui. En tal sentido mejora a Descartes que todavía sostenía que el Yo era una Substancia, *res cogitans*. Para Fichte el Yo no es algo substancial y estático sino que es pura actividad en relación consigo mismo y con el medio externo (No-Yo). Pero, según Piaget, pensar que el sujeto del conocimiento es autónomo, como todavía ocurre en Fichte, es puro idealismo, pues como sujeto biológico no es autónomo, sino que depende irremediablemente de un medio natural del que toma la energía para sus acciones. No obstante, como ser vivo, aunque no sea autónomo, puede autorregular su conducta de modo recursivo en relación con dicho medio, tanto para adaptarse a él como para transformarlo con sus acciones corporales. Piaget ya observó cómo, onto-genéticamente, van estructurándose evolutivamente en los niños las acciones corporales, de la boca, los pies y las manos, para asimilar y acomodarse de modo inteligente al medio, como lo haría un chimpancé, pues esto ocurre ya antes de que el niño empiece a hablar. Será, sin embargo, la Antropología evolucionista posterior la que resalte de modo esencial a las habilidades manuales como la principal palanca autorreguladora que nos aleja del mundo animal, pues gracias a la especificidad de tales manos exentas, desarrolladas en consonancia con la bipedestación, como ya había señalado el propio Darwin en *El origen del hombre*, fue posible el surgimiento de la industria técnica, sobre todo a partir del denominado *homo hábilis*, hace unos 2 millones de años.

Con ello quedan definidos precisamente los sujetos humanos como términos, no ya meramente inerciales, como una piedra, ni meras conciencias para las que el mundo es algo primordialmente "ante los ojos" (*Vorhandenheit*), sino como seres dados en un "mundo a la mano" (*Zuhandenheit*), como sostuvo Heidegger en *Ser y Tiempo*. Pues definir al hombre como un sujeto corpóreo que opera originaria y esencialmente con sus manos es rectificar el Primer Principio fichteano según el hilo conductor del "complejo tecnológico transformacional" del que habla Gustavo Bueno. La actividad manual es entonces, en tanto que un principio de autorregulación conductual, la esencia del sujeto humano representada por este Primer Principio en el sentido de principal órgano corporal de adaptación y transformación humana del medio y del propio ser humano en su evolución. Por tanto no es ya la Autoconciencia reflexiva del Yo fichteano el fundamento último del saber humano, sino la Operatoriedad manual humana principalmente, que actúa como condición de posibilidad de dicho saber, en tanto que con ella se desarrolla una técnica que permite la construcción normativizada, y no meramente rutinaria, de instrumentos como un hacha de sílex, que han sido trascendentales por sus consecuencias en la creación de un poderoso mundo humano para alejarnos del resto del reino animal. En tal sentido señalaba Bergson, recogiendo una afirmación de Aristóteles, a la mano humana como un "instrumento de instrumentos", como el instrumento orgánico para fabricar instrumentos inorgánicos, en el sentido de que conserva una especie de capacidad reflexiva como la que tenía la Autoconciencia fichteana. Así como Fichte decía que el Yo reflexivo de la Autoconciencia pone al Yo perceptivo de la sensibilidad externa, podemos decir que la mano instrumento humana pone o funda al instrumento técnico que nos da acceso a la racionalidad estrictamente humana.

Piaget evita el determinismo y la falta de libertad, a que puede conducir la dependencia del medio natural, al sostener que un ser vivo, aunque este determinado por el medio, en tanto que tiene la capacidad de moverse por si mismo, puede autorregular sus movimientos y acciones, al coordinarlos por medio de sus habilidades manuales y corporales. Por ello es libre, no ya en un sentido absoluto, como el Yo de Fichte, sino en un sentido relativo, en tanto que, por dichas habilidades operatorias, -que ya no son meros instrumentos de la conciencia, como pensaba Fichte, sino que son instrumentos prístinos u originarios, fruto de la propia evolución biológica-, puede escapar o vencer al determinismo natural que le presenta resistencia, en tanto que se adapta a él. Nuestra libertad está, pues, no ya en función de una autonomía Kantiana, recogida por Fichte, del Yo consciente, cuanto en función de nuestras habilidades operatorias, las cuales tienen su origen como transformación evolutiva de los instintos o rutinas de la propia vida inconsciente o preconsciente.

Piaget, al admitir la dependencia del medio, admite pues dialécticamente, como Fichte, que el origen y desarrollo de nuestras acciones y operaciones, no surge de la Nada, no es por ello algo hipostasiado, sino que supone un No-Yo, un medio natural que se nos resiste, lo cual debe ser recogido como un Segundo Principio. Pero al ser un medio biológico positivo, este Segundo Principio de las Operaciones, no se reduce a un mero No-Yo, a un Principio puramente lógico-negativo, sino que dicho medio entorno presenta resistencias concretas a nuestra conducta, pero también facilidades, que se pueden determinar positivamente, por ciencias como las ciencias positivas (ciencias físicas, químicas, biológicas, sociológicas, psicológicas etc.) con vistas a una acción inteligente para controlarlas.

Piaget precisa esta idea entonces añadiendo, en un sentido ya no idealista, sino vitalista, lo que podemos considerar como un equivalente del Tercer Principio de Fichte, al suponer que la Adaptación evolutiva al medio se lleva a cabo a través de dos funciones opuestas, pero dadas en reciprocidad: la Asimilación y la Acomodación. El organismo, en vez de someterse pasivamente al medio, lo modifica asimilándolo a las estructuras que le son familiares, a las estructuras propias disponibles, incorporando los objetos a sus "esquemas de acción" conductuales, como hace un niño cuando ante objetos desconocidos ensaya sus esquemas de acción más habituales, chupando, golpeando, frotando, arrojando los objetos, etc., para incorporarlos a su conducta práctica cotidiana. Así, cuando al chuparlo no obtiene alimento descubre, sin embargo, que le proporciona un placer que le calma. O cuando arroja los objetos no es por capricho, sino porque está experimentando como un científico, dice Piaget, para ver si se rompen o rebotan. Así amplia su conocimiento del mundo y empieza a distinguir una pelota de algo que no lo es, como una esfera de cristal, por ejemplo. Al mismo tiempo, si se produce alguna dificultad en el manejo de los objetos, el organismo lleva a cabo acciones de acomodación a la nueva situación, como cuando el niño debe estirar los brazos para golpear un objeto distante, que no puede alcanzar en su posición habitual, etc. De esta forma sus esquemas cognoscitivos van cambiando, como cuando un niño que tiene el esquema de la figura de un caballo, y en el Zoo lo aplica a una jirafa, su madre le hace sustituir o acomodar su esquema del caballo al de una jirafa, diciéndole que el cuello de la jirafa es más largo, por lo que no es un caballo.

Fichte pretendía explicar desde su Tercer Principio la totalidad del saber humano, tanto del teórico como del práctico por medio del dualismo actividad/pasividad del Sujeto respecto al Objeto para generar las representaciones cognoscitivas prácticas (actividad) y teóricas (pasividad). Según él todas las representaciones de los objetos mundanos se reducían a estas dos: las representaciones naturales que se nos imponen necesaria y pasivamente, como cuando oímos una explosión, y las representaciones que creamos libremente con nuestra imaginación, como, por ejemplo, un centauro. Las primeras son las que Kant analiza en la Critica de la razón pura y las segundas, las representaciones morales o estéticas, las que analiza en las otras dos Críticas. Si en el Tercer Principio, en el que la oposición entre un Yo finito y un No-Yo finito, según la formula Yo (Yo/No-Yo), consideramos que el Yo es pasivo y el No-Yo activo (entendiendo dialécticamente que pasivo/activo son términos relativos), tenemos lo que Fichte llama la serie de las representaciones *reales* de las cosas. Cuando consideramos lo contrario, esto es, que el Yo es activo y el No-Yo natural se nos resiste de modo pasivo, entonces surge la serie *ideal* de las representaciones morales, por ejemplo, cuando reprimimos nuestros instintos naturales en base a principio ideales, éticos. El problema está en que Fichte sigue aquí preso del dualismo kantiano entre Naturaleza y Espíritu que pretendía superar.

Pero Piaget consigue evitar dicho dualismo al plantear desde su Principio de Adaptación con las funciones de Asimilación y Acomodación, tres posibilidades de generar la totalidad de las estructuras cognoscitivas: si la Asimilación predomina sobre la Acomodación, tenemos, como es en el caso de los juegos de construcción en los niños analizados por Piaget, una especie de conocimiento propio de la actividad técnica humana. Si la Acomodación predomina sobre la Asimilación, como ocurre en los juegos infantiles de imitación, tenemos el conocimiento artístico. Y si hay un equilibrio entre ambas funciones tenemos el conocimiento propiamente inteligente, base de los saberes científicos y filosóficos.

A la búsqueda de una nueva Filosofía Primera

Supuestos tales antecedentes, trataré de llevar a cabo de nuevo una exposición de los pensamientos que en mis largas y solitarias reflexiones filosóficas, alejado del ruido provocado por las abundantes polémicas y enfrentamientos que han sacudido a la Escuela buenista ya desde sus inicios, con su consiguientes condenas y excomuniones, me han conducido a plantearme algunos problemas de fundamentación no ya del propio Materialismo Filosófico buenista, sino del propio saber y conocimiento humano, emprendido de forma cíclica por toda filosofía que sea conscientemente crítica y responsable ante la ruptura súbita de creencias y razonamientos tenidos por inveterados o establecidos por intereses de escuela o de grupos sociales o políticos.

Por ello inicio aquí de nuevo una exposición de las mismas cuestiones de fundamentación que he tratado en obras anteriores, en el proyecto que me ocupó de establecer lo que tradicionalmente se denomina una filosofía primera como base firme y segura, como un *fundamentum inconcusum* que decía Descartes, para poder volver a replantear de forma nueva y más segura sus estructuras básicas en relación con el estado de los conocimientos de que disponemos hoy. Un precedente muy valioso, aunque se haya quedado solo en unos brillantes inicios, de establecer una nueva fundamentación filosófica desde un punto de partida racio-vitalista ha sido Ortega y Gasset, el cual había planteado, en un curso dado en la Universidad de Buenos Aires en 1940, una emulación del legendario Descartes proponiendo un "cartesianismo de la vida":

"... que de la ceniza, del cartesianismo intelectualista e idealista, del cartesianismo del *Cógito, ergo sum*, del *Existo porque pienso*, de este cartesianismo falso y de su ceniza nace renaciendo -Fénix inmortal- el cartesianismo de la vida, una de cuyas tesis fundamentales suena así: <<Pienso porque existo>>" (J. Ortega y Gasset, *Sobre la Razón Histórica*, Revista de Occidente en Alianza Editorial, Madrid, 1979, p. 71).

Con esta nueva exposición de los fundamentos de una nueva filosofía que creemos se necesita actualmente, en una línea diferente, aunque recogiendo de nuevo el guante lanzado por Ortega en aquel famoso curso de Buenos Aires, que volvería a repetir y ampliar en 1944 en la Universidad de Lisboa, no pretendo que pueda aumentar considerablemente el número lectores o de seguidores, pues es difícil apartar a mucha gente del culto a los prejuicios dominantes en los grandes aparatos de propaganda, masiva que hoy están actuando cada vez más de forma dogmática y dominados por ciegas pasiones o inconfesables intereses particulares, sino que tan solo me dirijo a los pocos, a la minoría selecta que decía el propio Ortega, que creo existente en nuestro país, aunque se encuentre en un estado de dispersión y alejada de los grandes altavoces mediáticos que, en una época de cambio como la actual, suelen estar dominados y ocupados por los epígonos de anteriores tendencias influyentes. Epígonos que hoy muestran una ausencia de cualquier rasgo creativo y abierto a los cambios, producto de la mera inercia a que están sometidos, como si de un cadáver flotante se tratase. A dichos pocos me dirijo en tanto que considero que están libres de la ceguera, tan extendida hoy en España, para las cosas profundas; ceguera compartida hoy también incluso por nuestros países vecinos que tanto destacaron en otro tiempo en la creación filosófica. Pero en España dicha ceguera no solo es circunstancial como en ellos, sino que es algo muy extendido, que se haya enraizado profundamente en defectos que se atribuyen tradicionalmente a los españoles, como la ceguera fruto de la envidia que ha llevado, como señala Ortega, de modo grave en ciertos momentos, y como un defecto constitutivo de nuestro propia historia, -aunque discrepemos de los motivos que aduce Ortega para explicar tal defecto-, a nuestra famosa decadencia, al apartamiento más sostenido de los mejores en la dirección y la búsqueda de solución a los grandes problemas nacionales que nos aquejan desde hace ya siglos, cuando comenzó nuestro declive en la gran influencia que tuvimos en el mundo.

Ramón Menéndez Pidal, al principio de su conocida obra sobre *El Cid Campeador*, habla de uno de estos momentos históricos, el de los medievales "condes invidentes" de la corte de Alfonso VI, en los que se manifiesta con claridad meridiana a su juicio esa "invidencia, vicio eminentemente hispano", que "entorpeció tenaz la obra del Cid, sin tener en cuenta al daño colectivo que en la guerra anti islámica se seguía al destierro del guerrero superior; defecto típicamente español (…) Castilla, la Castilla oficial, ciega para las dotes prodigiosas de su héroe, le desterró, le estorbó cuanto pudo, le quiso anular toda su obra bélica y política: <<Ésta es Castilla que face los omes e los gasta>>" (Ramón Menéndez Pidal, *El Cid Campeador*, Austral, Madrid, 1985, p. 20).

Entendida en tal sentido, envidia viene del latín *invideo*, invidente, el que no ve y permanece ciego para la realidad. Pero la ceguera, como defecto o mal privativo, puede ser curado en muchos casos mediante operaciones u otros remedios de aparatos ópticos. Por ello esta envidia española, verdadero obstáculo para reconocer la excelencia en tantos casos y en graves momentos de nuestra Historia, quizás pueda ser curada con una terapia medicinal adecuada, con una "medicina del alma" en este caso, como es la crítica y la educación filosófica que, aunque no pueda erradicar la ceguera en los casos extremos más patológicos, si puede hacerlo en una mayoría de españoles que son indispensables para orientar con su voto, en los tiempos democráticos que vivimos, la elección de los mejores para ocupar los altos puestos en los que reside el mayor poder e influencia necesarios para que podamos sacar a nuestro país de la decadencia pasada. En parte ya se empezó a hacer esto en el pasado siglo XX en que España, aunque de modo dictatorial y dramático, después de una cruenta guerra civil, ha alcanzado el grado de potencia industrial entrando de nuevo en el grupo de cabeza europeo y mundial. No obstante, en los últimos años, parece que el crecimiento de la demagogia política que está llevando a una selección a la inversa de los dirigentes y personas más influyentes entre los españoles, promocionado la mediocridad y la incompetencia en perjuicio de la excelencia, puede llevarnos a un estancamiento en nuestra modernización e incluso a la vuelta a la Decadencia, con el peligro hoy ya manifiesto para muchos de la final destrucción de la unidad política como nación moderna.

Por todo ello trataré de exponer en lo que sigue la nueva forma de pensar a la que he llegado en mis largas y sostenidas reflexiones filosóficas, que he ido publicando en mis libros anteriores, en orden a edificar una filosofía que, estando a la altura de las circunstancias en que se encuentra hoy nuestro saber más preciso del mundo, sea útil para fortalecer a nuestro país con una filosofía que se adapte, como el guante a la mano, a la forma de ser vitalista que se nos atribuye tantas veces a los españoles. Pues, como decía Descartes, la potencia de un país guarda relación también con la potencia de la filosofía de sus pensadores.

Creemos que una de las razones de la famosa Decadencia que nos aquejó de modo secular ha sido la falta de una filosofía moderna propia que reflejase y consiguiese perfeccionar, elevándola al rasgo de categoría, nuestra forma de ser o carácter nacional, tan distinto del pragmatismo inglés, del seco racionalismo francés o del idealismo alemán. No sirvió de mucho, ni permanecer en el antiguo realismo aristotélico, como pretendieron nuestros escolásticos tardíos del Renacimiento, ni imitar las modas filosóficas triunfantes sucesivamente en nuestros ilustres vecinos europeos, como se pretendió hacer después. Solo con Unamuno y Ortega, como grandes figuras señeras, se inicia en España la tarea de desarrollar un pensamiento filosófico propio, a la vez que situado a la altura, y con pretensiones de crítica y superación, de las entonces dominantes filosofías en Europa, un pensamiento que nos permita ser optimistas en nuestras pretensiones. Pues dicho esfuerzo filosófico no se ha detenido con ellos y los escasos y no excesivamente brillantes seguidores de la influyente Escuela orteguiana, sino que ha continuado en la segunda mitad del siglo XX y hasta comienzos del XXI con la importante obra filosófica creativa que nos han legado, entre otros, y de forma más destacada por su originalidad, otros influyentes pensadores como Gustavo Bueno y Eugenio Trías. Por todo ello animo a los posibles lectores a leer estas reflexiones filosóficas, las cuales pretenden aclarar principalmente ciertas cuestiones básicas, que creemos han quedado en penumbras todavía o han sido tratadas de forma que dan lugar a equívocos o malas interpretaciones en la obra de estos grandes pensadores que hemos citado. Pensadores de los que partimos y en los que críticamente nos apoyamos con la mejor de las intenciones, aunque el público lector será el que tendrá que dictaminar sobre ello.

I.- Debemos volver a buscar un nuevo fundamento filosófico racional del saber y de las cosas.

El siglo XX se ha caracterizado por ser un siglo de grandes conmociones sociales, desde guerras hasta Revoluciones de todos conocidas. Pero también ha habido conmociones en el pensamiento científico, con la crisis de la física clásica, los descubrimientos de la bioquímica sobre el genoma y la revolución de las ciencias cognitivas y de las nuevas tecnologías de la computación y de las redes informáticas. En el pensamiento filosófico se suele considerar a Heidegger como el filósofo más influyente en el mundo académico por su nueva forma de pensar que chocó de modo potente, tanto frente a su maestro Husserl, como frente al positivismo de influencia anglosajona de Bertrand Russel o de Wittgenstein. El motivo es que en su famosa e influyente obra *Ser y tiempo* proponía una superación del tradicional idealismo de la Conciencia Trascendental, todavía defendida por Husserl. Heidegger empezaba su descripción fenomenológica del hombre, entendido como un *Dasein*, como un Ser-ahí caracterizado por su relación primordialmente manual con el mundo. Con ello llevaba a la práctica la tesis avanzada ya por el vitalismo de Bergson por la que el *Homo sapiens* presuponía el *Homo faber*, el hombre fabricador, con sus manos, de instrumentos. En el residía el origen más próximo de nuestra inteligencia. Por eso Heidegger empieza a hablar de las cosas del mundo que nos rodea como cosas "a la mano" (*Zuhandenheit*) frente al todavía idealista Husserl que las entendía originariamente como "cosas ante los ojos" (*Vorhandenheit*). También Descartes, al que volvía a actualizar Husserl en sus famosas *Meditaciones cartesianas*, partía de las "cosas ante los ojos" sospechando que podían ser engaños de nuestros sentidos. Pero, según estos análisis heideggerianos, habría que partir un momento antes del que partía el propio Descartes, situando al propio ser humano como un ser-ahí (*Dasein*), como un ser vivo dado en un medio o circunstancia al que está adaptado, un Ser-en-el-mundo, dado en un mundo práctico que está previamente "a mano", antes que meramente como y sometido a la inspección de una "mente" tal como empieza la indagación cartesiana. Por ello, tanto Heidegger como el propio Ortega, ya desde su primer libro, las *Meditaciones del Quijote* (1914), proponen partir de un momento anterior pre-mental o pre-reflexivo, planteando la situación inicial de un ser vivo, dotado de un cuerpo, y que está ya en un mundo, rodeado por unas circunstancias que le apremian. Por ello su punto de partida es diferente del cartesiano, pues está dado *in medias res*, en un ser que ya existe de algún modo, ocupado con las cosas o enseres que están primordialmente manejados por las manos, aunque con el auxilio o ayuda de la vista y otras partes del cuerpo. Pues nuestra existencia está dada *in medias res*, literalmente hablando, porque no somos conscientes de nuestro nacimiento ni lo podemos ser de nuestra muerte. Nadie tiene conciencia de su nacimiento, ni asiste a su propio entierro. Son los demás los que nos dicen cuando nacimos y los que asistirán a nuestro entierro, que a diferencia del nacimiento nadie nos lo podrá ya contar.

Solo con ver o contemplar los objetos no podríamos sobrevivir ya que necesitamos manipularlos para poder vencerlos como obstáculos o beneficiarnos de ellos como bienes necesarios para nuestra existencia. Por ello, el supuesto que se abre camino con Heidegger y Ortega es partir de la vida humana como dada en relación inseparable con un mundo que nos rodea y con el cual interactuamos de muchas maneras, pero de modo especial de una que había permanecido como olvidada o marginada en la explicación de nuestra inteligencia, por suponerla como algo meramente auxiliar, la acción manual. Esta es la auténtica existencia radical y positivamente dada, no meramente conceptual o pensada, de que debemos partir en nuestra indagación por el fundamento o primer principio filosófico, que no es ya un principio meramente lógico-formal, sino lógico-vital, en tanto que se nos aparece encarnado materialmente en nuestras propias acciones corporales más primordiales.

Hay que extraer los fundamentos filosóficos no ya de nuestra mente o pensamiento, como hace el idealismo desde Descartes a Husserl, sino de las necesidades que nos impone por ello el vivir cotidiano, de todos los días, con sus rutinas y con sus problemas y oscuridades, las cuales, como un horizonte de tinieblas, rodean siempre y en último término a nuestras vidas cotidianas. Hay que transformar, como dice Ortega en *El tema de nuestro tiempo,* la razón pura en razón vital. Pienso porque existo dice Ortega con el Unamuno de *Del sentimiento trágico de la vida* (1914), en vez de pienso luego existo. Pienso porque con mis manipulaciones me adapto y sobrevivo, decimos nosotros. Pues, la forma pre-reflexiva principal de la inteligencia, como hoy está probado por la Paleoantropología evolucionista, es el manipular (Frank R. Wilson, *La mano. De cómo su uso configura el cerebro, el lenguaje y la cultura humana,* Tusquets, Barcelona, 2002).

Esa misma lógica de las manipulaciones la utilizo también para manipular los sonidos con los músculos de mi glotis, produciendo señales acústicas, gritos primero, y palabras después, que me permiten representar las cosas en su ausencia. Unas palabras que dispongo según un orden sintáctico sucesivo en las frases u oraciones, unas delante (sujeto), otras detrás (predicado), otras en el medio (verbo), que construyo miméticamente a partir del orden que, antes de poseer la capacidad para hablar, preciso introducir en los objetos para manipularlos. Por ello pensar con símbolos o palabras sigue siendo en el fondo algo similar a maniobrar. Pensar es maniobrar.

En tal sentido, todos los días debo enfrentarme a las dificultades que la vida me plantea y vencerlas para adaptarme a ella en tanto que cosas dadas, de forma abrumadora, a la mano:

"Cada mañana empieza con cierto ritual en nuestra cadena de obstáculos privada: objetos que deben abrirse y cerrarse, alzarse o presionarse, retorcerse o doblarse, extraerse, mezclarse o atarse, así como algo del desayuno que debe mondarse, exprimirse, tostarse, prepararse, cocerse o freírse. Las manos se mueven tan hábilmente en este terreno que no reparamos en sus logros. ¿Qué sería de nosotros sin las manos? Nuestras vidas están tan llenas de experiencias corrientes en las que intervienen las manos de manera tan hábil y silenciosa que raramente pensamos en lo mucho que dependemos de ellas" (Frank R. Wilson, *op.cit.*, p. 17).

La vida es lo que me acontece, lo que me pasa todos los días. Es acontecimiento, eventualidad como dice Heidegger. Me acontece esto o lo otro. Todo esto con que me enfrento en mi existencia hoy lo llamamos cosas, las "cosas de la vida". Pero para un ser primitivo vasta con llamarlas algo que presenta dificultades o facilidades para manejarlo. Pues cosa parece que viene de causa y eso ya es una forma de conciencia lógica que supone un anterior pensamiento pre-logico según Levi-Brühl. Por eso la realidad que se nos opone no tiene en si figura lógica, solo es obstáculo que se vence, mero no-yo como decía Fichte, enigma puro. Se empieza a dominar manejándolo, maniobrando, con lo que esto es lo que posibilita los primeros actos con los que nos agarramos al mundo, lo conceptuamos o captamos, lo cogemos, lo conceptuamos, antes manualmente que mentalmente. La mente o representación interior de las cosas viene más tarde cuando desarrollamos la habilidad reflexiva simbólica por el lenguaje, primero gestual y después laríngeo. Pues, como señalaba Fichte, no hay conciencia de un objeto sin autoconciencia. Siempre que percibimos un objeto, consciente o inconscientemente, nos estamos percibiendo a nosotros mismos. Pero Fichte entendía el Yo como una especie de causa sui. Para Fichte el Yo es acción en tanto que es la causa última de si y de sus representaciones conceptuales, como reza su famoso Primer Principio según el cual "el Yo pone al Yo". Pero Ortega señala una nueva idea del Yo según la cual el Yo no es autónomo, sino que está dado en relación recíproca con sus circunstancias, de la misma manera que un animal evolutivamente hablando no se entiende sin el medio al que se adapta. El Yo entonces ya no se debe entender como *causa sui*, como hace el idealismo de Fichte, sino que debemos aplicarle la categoría de la Acción Recíproca para entenderlo. Fichte se dio cuenta de ello cuando quiso corregir el individualismo ético de Kant con la inter-subjetividad por la cual solo el hombre es hombre entre los hombres. Pero el reconocer el carácter social del Yo no es suficiente para superar el idealismo, de la misma manera que convertir la propiedad fiduciaria de acciones individuales en capital social no nos conduce más allá del capitalismo, como sostenía Lenin. Es preciso una categorización distinta. En nuestro caso es preciso sustituir la concepción del Yo como sujeto activo fichteano por un Yo como sujeto corpóreo-operatorio, dado en relación de dependencia recíproca con un medio o unas circunstancias, como decía Ortega. Por ello más que la categoría de Autonomía debemos usar la categoría de Autorregulación, la cual presupone una relación de retro-alimentación recursiva en dicha interacción recíproca. Por ello el Yo no se pone asimismo desde sí mismo, sino que se pone o construye sus esquemas de acción y conocimiento en interacción recíproca con un medio, como sostenía Piaget en sus investigaciones sobre el desarrollo de la inteligencia en los niños.

Como ya sostenía Ortega, lo que nos pasa es que no sabemos lo que nos pasa, no sabemos lo que son las cosas que nos pasan, si son esto o aquello. Eso es lo que debemos explicar partiendo de lo único que es nuestra realidad primera y vital que es que algo X nos acontece, nos pasa y nos produce dificultades o facilidades. Cuando las dificultades son insuperables nos producen miedo, terror o pánico ante nuestra posible muerte o fracaso vital. Así a veces padecemos la angustia del naufrago, como gustaba de decir Ortega, cuando no conseguimos vencer las dificultades que nos asedian y parece que nos ahogamos en la realidad braceando de modo caótico. La realidad se nos aparece entonces como algo terrible que no entendemos, algo oscuro que en cualquier momento nos aplastará. Solo disponemos principalmente de nuestros brazos, pies, manos y boca, de nuestros órganos motores y de prensión para tratar de desplazarnos y agarrarnos literalmente a la vida, como un náufrago intenta nadar y bracear, buscando flotar en un mar en el que ha caído y en el que parece irremediablemente condenado a ahogarse. En tales eventualidades en que la muerte acecha de forma tan cierta sentimos la cara terrible y negativa de la realidad que nos pasa. Instintivamente tratamos de flotar en la vida braceando o moviendo las piernas, como hacen los perritos al caer en el agua.

Pero, a veces no vasta el instinto y es necesaria una conducta no innata, sino aprendida para salir de semejante trance. Es necesaria la conducta inteligente que ya aparece en los animales superiores que nos preceden evolutivamente. De entre todos estos animales, dotados de aletas como los inteligentes delfines o tiburones, de picos, garras o zarpas, solo aparecen unas manos semejantes a las nuestras en los monos. Pero esta mano simiesca es solo semejante porque, aunque tengan ya cinco dedos y un pulgar oponible, que permite un agarre más perfecto para manejarse ante las dificultades de la vida, hoy sabemos que esta mano es menos poderosa que la nuestra, e incluso que la de nuestros homínidos predecesores.

Con estas nuestras manos tan especiales desarrollamos una poderosa capacidad de agarrar las cosas y transformar la realidad en beneficio nuestro debido a nuestras habilidades tecnológicas, que están principalmente ligadas a las manos. En el origen de nuestra técnica se puede decir que estamos en un mundo, como señala Heidegger con su *In der Welt sein*, porque en principio todavía no tenemos la idea de ser en mundo o en un cosmos organizado en formas racionales, como las esferas estelares de Aristóteles, idea muy tardía, pues supone más de dos millones de años desde la aparición de la industria técnica en el *homo habilis*. Ni tampoco so-

somos seres que están en un mundo aristotélico en el que su ser se entiende como algo sustancial, fijo. Pues no hay nada así en la vida, que es más bien un pasar, un fluir, como ya sostenía Heráclito. Solo podemos recuperar esta categoría de ser o esencia aristotélica cuando la entendemos funcionalmente subordinada al pasar, como lo que permanece de forma dinámica tras los cambios. Nosotros no somos más que en tanto que vivimos, en tanto que actuamos continuamente frente a las amenazas de la vida. Debemos vencerlas continuamente de diversos modos para no perecer. Continuamente, porque basta con que no podamos respirar, o que la sangre no circule como debe, para perecer de modo irremediable e inmediato. Por ello más que existir habría que decir que co-existimos con un entorno en tanto que la vida es co-determinación, pues las dificultades nos determinan, pero también nosotros podemos actuar de modo reciproco sobre ellas y a su vez determinarlas de modo que resulte beneficioso para nosotros y no algo fatal. Por ello en lo que nosotros nos podemos apoyar para enfrentarnos a lo que nos pasa no es tanto en nuestra autonomía, que es imposible desde el punto de vista vital o meramente biológico. Frente a Fichte podemos decir que la vida no se reduce al Yo, a un estar dentro de sí, dentro de la conciencia y ocupado solo con sus propios pensamientos, como si fuésemos un autista Dios aristotélico, porque el Yo no es ya autónomo sino que está dado constitutivamente en un medio positivo, que no se reduce a un mero No-Yo, a una nada, a una mera exteriorización de la conciencia. Lo único que podemos enfrentar a lo que nos pasa es, entonces, nuestra habilidad de autorregular nuestras acciones en relación con nuestra dependencia del medio, que es en lo que Piaget dice que consisten las operaciones inteligentes frente a las meras acciones instintivas.

Pues la inteligencia presupone, según Piaget, la habilidad de coordinar la operación inversa con operaciones directas en una estructuración de las acciones en forma de grupo algebraico. En esto consiste la "autorregulación", en la capacidad o habilidad de ejercer una conducta circular o cerrada frente al medio, sin que cierre aquí signifique clausura o separación del medio. Piaget señala que dicho cierre comienza cuando se transforma las acciones caóticas o meramente instintivas del recién nacido en operaciones reguladas según unos principios racionales de cierre. Dichos principios, como el principio de identidad, son posibles por la aparición de acciones inversas que, combinadas con sus directas, permiten establecer estados de neutralización por los cuales se construyen identidades, como cuando un niño aprende a ir a un sitio y volver al sitio donde estaba, invirtiendo su desplazamiento y reconociendo tal sitio como el mismo o idéntico con el que antes estaba. Después el niño aprende a hacer rodeos o atajos guiado por un principio de asociación que supone que, si puedo ir de A a B y de B a C, puedo también evitar este rodeo yendo directamente de A a C por una especie de atajo en los desplazamientos. Tales principios, que rigen la lógica de los desplazamientos de un individuo en un espacio, fueron asociados por el matemático francés Poincaré con los principios que rigen la estructura operatoria de un grupo algebraico, y generalizados posteriormente por Piaget para analizar las estructuras de la inteligencia humana. Por ello una filosofía biológico-evolutiva que parte de una razón vital debe rechazar el idealismo de la autonomía del Yo fichteano sin renunciar a una especie de auto-construcción cerrada de dicho Yo, pero sin tener que suponer una clausura o separación con el medio. Por ello en vez de establecer como Primer Principio que "el Yo pone al Yo" como hace Fichte, podemos decir ahora que el sujeto humano, en tanto que organismo vivo, tiene la capacidad de dirigir o controlar su conducta según una causalidad cerrada y relativamente independiente del medio externo del que toma la energía para vivir. Y en tal sentido puede autoorganizar y dirigir, según principios racionales, su conducta.

Pero el medio del que inexorablemente depende puede estar sujeto a cambios inesperados y súbitos que amenacen seriamente la capacidad de autorregulación desarrollada, si no se sustituye por una capacidad más potente y adecuada que pueda conjurar y vencer las nuevas amenazas sobrevenidas. Aquí nos enfrentamos a amenazas ya no meramente imaginarias, como lo fue el genio maligno cartesiano, o al No-Yo infinito del Segundo Principio fichteano, inabarcable para la conciencia humana, sino que nos enfrentamos con resistencias de las circunstancias o medio natural o social que rodea la vida humana y que pueden ser determinadas con precisión positiva y enteramente concreta en muchos casos debido al avance del conocimiento científico. Inundaciones, terremotos, impactos de meteoritos, ataques de animales feroces o de plagas pandémicas, así como genocidios provocados por guerras u otras catástrofes humanas o el peligro de exterminio por armamento atómico o impacto de asteroides, ponen incluso en riesgo la superviven del propio sujeto humano como especie biológica. Ello no constituye ya una mera hipótesis hiperbólica como era la existencia de un genio maligno cartesiano, sino que es una hipótesis probada ya en sentido evolutivo cuando se habla de la extinción de otras especies biológicas como los dinosaurios, debido a impactos de un meteorito u otros fenómenos catastróficos. Mañana podríamos ser nosotros, dada la posibilidad de nuevos impactos de asteroides sobre el planeta Tierra u otras catástrofes naturales. Para resolver tal contradicción, cuya inminencia nos llevaría a una angustia de desesperación y muerte, se necesita dar un nuevo paso e introducir como razonamiento tranquilizador un tercer principio que nos permita encontrar racionalmente una vía que nos dé la posibilidad de escapar a semejante fin. Descartes encontró la salida al engaño diabólico y angustioso del genio maligno con la demostración de la existencia de un Dios verdadero, infinitamente poderoso, que no permitiría que nos engañemos cuando razonamos con claridad y distinción. Pero la crítica de la demostración anselmiana de la existencia de Dios, en que todavía se apoyaba Descartes, crítica que lleva a cabo Kant, nos hace inservible dicha salida. Fichte, que había introducido un No-Yo que se opone al Yo como una versión, ya no teológica, como era el genio maligno en Descartes, sino lógico-metafísica, de un No-Yo infinito que limita de forma amenazadora la actividad del Yo, recurrió a un Tercer Principio basándose en un postulado de limitación del conocimiento humano, que Kant había establecido, según el cual solo nos es posible entender la oposición del Yo y del No-Yo en el ámbito de las representaciones de la conciencia fenoménica, no en el de la realidad externa considerada como es en-si, como cosa-en-sí. Desarrollando este tercer Principio, Fichte alcanza la deducción y fundamentación racional de las representaciones verdaderas de la ciencia (leyes necesarias de la naturaleza) y de la moral (imperativos kantianos) que le llevan a la creencia, no ya del Dios sustancia cartesiano, sino de un *ordo ordinas* moral que, una vez que se alcanza él triunfo de un Estado racional, conducirá en el futuro de modo progresivo al establecimiento del "reino de los cielos" en la Tierra, en el que el propio Estado desaparecerá y por fin se hará el bien por el bien mismo. Al exponer está idea el mismo se refiere a que, esta creencia racional de un progreso moral de la Humanidad, que sustituye ahora a la creencia en el Dios cartesiano de la Teología racional, que Kant había criticado como imposible de demostrar, es necesaria "si la vida humana entera no ha de convertirse en la escena de un genio maligno" (J. G. Fichte, El *Destino del Hombre*, Sígueme, Salamanca, 2011, p.153).

Pero, al rechazar hoy desde una filosofía vitalista este interpretación idealista fichteana, que entiende el mundo como siendo un mundo, originaria y fundamentalmente, interior de la conciencia, no podemos asumir tal Principio, sino que debemos de tratar de reformularlo como un principio de un nuevo tipo de racionalidad más profunda y actualizada a la luz de nuestro conocimientos actuales, que entiende la relación del organismo humano con el mundo como una relación primordial, fundamental y esencialmente viva. En tal sentido consideramos que dicho Tercer Principio fichteano debe ser reformulado mediante una reinterpretación del conocido Principio de Adaptación evolucionista que permite explicar el mecanismo por el que las especies animales y el hombre mismo pueden sobrevivir a los cambios naturales si se adaptan a ellos. Y en el caso del hombre si además adapta mediante la técnica la propia naturaleza a sus fines. De modo especial, Jean Piaget ha llevado a cabo una interpretación de tal principio en el área del conocimiento humano al considerar que el conocimiento, como ya sostenía Fichte, no tiene una finalidad meramente especulativa, sino que no es otra cosa que algo subordinado a la acción, al primado de la Razón Práctica kantiana. Pero Piaget lo entiende de un modo más positivo y preciso que Fichte como un mecanismo vital más de adaptación al medio que exige un Primado de la Razón poiética, una nietzscheana Voluntad de Poder como Arte. Para Piaget, como para Fichte, el fin de la vida no es el conocimiento como lo era para Aristóteles cuando ponía como modelo, inalcanzable para el hombre, pero modelo a imitar, el Dios o Primer Motor, cuya vida consiste en conocerse a sí mismo, en la vida teorética contemplativa. Más bien el fin del conocimiento es para el suizo el ser un medio al servicio de la vida. En esto coincide con el Ortega y Gasset de *El tema de nuestro tiempo* en el que, siguiendo la influencia vitalista de Nietzsche mantiene que es la razón la que debe subordinarse a la vida y no al revés como se había mantenido desde Sócrates mismo.

Pero Piaget, a diferencia de Ortega y de un modo diferente a lo que hizo Fichte en su famosa *Wissenschaftslehre*, consigue desarrollar tal enfoque filosófico, mediante su conocida Epistemología Genética, como una Teoría del Conocimiento humano, de una forma pormenorizada y apoyada en investigaciones experimentales científico-positivas obtenidas de sus investigaciones psicológicas del desarrollo de la inteligencia en los niños. Su establecimiento de los famosos Estadios del Desarrollo de la inteligencia infantil lo ha hecho mundialmente famoso. Pero Piaget pretendió también ser lo que él llamaba un epistemólogo, esto es, un teórico del conocimiento humano, disciplina que había estado reservada secularmente a los grandes filósofos como Platón, Aristóteles, Descartes, Locke, Kant o Husserl que, sin embargo, él quería continuar, aunque de un modo estrictamente científico-positivo. Ciertamente, aunque en el siglo XX se ha desarrollado amplia y diversamente el estudio científico-positivo del conocimiento humano a través de las denominadas ciencias cognitivas, como son la propia Psicología evolutiva piagetiana, la Robótica y la Informática, la Neurología, la Psicología cognitiva, la Psicolingüística o la Sociología del Conocimiento, sin embargo, no se ha constituido una ciencia unificada del conocimiento humano como quería Piaget con su Epistemología Genética. No ha llegado a cristalizar una Ciencia Cognitiva unificada. Lo que existen son *disiecta membra* que no pueden ser unificados, sencillamente porque son prolongaciones o explicaciones derivadas de diversas ciencias positivas como la Lingüística, la Psicología, la Lógica o la Fisiología neurológica, siendo ellas mismas disciplinas operatoriamente cerradas en campos disyuntos. Solo queda de nuevo la posibilidad de una totalización abierta, propia de la racionalidad estrictamente filosófica, como venía secularmente ocurriendo con la inclusión de la Teoría General del Conocimiento como propia de la Filosofía. Lo que puede y debe cambiar ahora, y en esto tenía razón Piaget, es la necesidad de apoyarse en tales conocimientos científicos positivos parciales para tratar de coordinarlos por medio de ciertas Ideas y Principios filosóficos buscando unos fundamentos racionales comunes para ellos. Por ello sobran aquí filosofías que los ignoren o crean poder partir únicamente de su propia substancia filosófico-especulativa para desarrollarlos. Sobran igualmente aquellas filosofías más positivas que sin embargo relegan el papel de la filosofía en la interpretación del conocimiento a un papel secundario o adjetivo de meras siervas divulgadoras o meramente compendiadora de los resultados alcanzados por las ciencias, como todavía pretendía Augusto Comte. Solo una filosofía crítica, en el sentido que se inicia con Kant, entendida como una reflexión trascendental propia y sustantiva del proceder estrictamente filosófico, que busca las condiciones de posibilidad de tales conocimientos y pretenda una sistematización de tales condiciones en unos principios filosóficos generales, como hizo Fichte de un modo más coherente y sistemático que Kant mismo, aunque de un modo todavía idealista y especulativo, solo desde una tal filosofía podría alcanzarse una unificación sistemática y funcional de tales procedimientos cognoscitivos en una Teoría filosófica de la racionalidad humana.

Por ello, el Tercer Principio que proponemos, y que se correspondería con el de Tercer principio de Fichte, debería ser, como señalamos más arriba, el que resulta de la interpretación que Piaget hace del Principio evolucionista darwiniano de la Adaptación, como teniendo lugar por medio de la conjugación dialéctica entre Asimilación y Acomodación. El Tercer Principio de Fichte, entendido como un Principio de las Relaciones como base de las clasificaciones, es el Principio a partir del cual se deducen la totalidad de las modalidades del conocimiento que se agrupan en dos clases, el Teórico y el Práctico. Es un Principio dualista y rígido pues solo plantea abstractamente la oposición de dos tipos de conocimiento, siguiendo la inversión de la actividad/pasividad reciproca del Yo y del No-Yo. Es decir, cuando la Naturaleza o No-Yo es activa y el Yo pasivo, se generan, según Fichte, las representaciones Teóricas que se nos imponen necesariamente, como cuando se produce un trueno y no puedo dejar de oírlo; mientras que, a la inversa, cuando el Yo es activo y la Naturaleza se me resiste con su pasividad, surgen la representaciones Prácticas o libres en tanto que yo actúo en un sentido u otro para vencer tal resistencia, como cuando lucho, según principios morales, contra mis instintos naturales.

La rectificación de este Tercer Principio fichteano es posible, a nuestro juicio, evitando tal dualismo activo/pasivo, si se pone en relación con las funciones de Asimilación y Acomodación que Piaget asigna a todo proceso de Adaptación biológica. Pues, Piaget señala dos aspectos constantes que están a la base de la explicación de las cambiantes Estructuras operatorias que se producen en el desarrollo de la inteligencia humana: la capacidad de Organización autorreguladora del organismo vivo, que pusimos en correspondencia con el Principio funcional de los Términos y la resistencia del medio, que equiparamos con el Principio de las Operaciones; además, Piaget entiende la Adaptación a dicha resistencia como llevándose a cabo a través de las funciones relativas recíprocas de Asimilación y Acomodación, que podemos poner en relación con el Principio de las Relaciones. Este principio sería un equivalente en la explicación del conocimiento de lo que para Newton es el Tercer Principio de Acción y Reacción en la explicación de los movimientos de las masas inerciales.

La Asimilación ocurre, según Piaget, cuando el sujeto hace suyo el alimento biológico o cognoscitivo-psicológico, asimilándolo a sus estructuras previas, incluyendo así algo externo, dado en su entorno, en las estructuras ya existentes en nosotros. El organismo vivo, según Piaget, en vez de someterse pasivamente al medio entorno lo modifica, asimilándolo a sus estructuras: en el caso del alimento físico, el organismo absorbe las sustancias y las modifica por la digestión antes de asimilarlas. En el caso del "alimento" cognoscitivo no hay propiamente asimilación sustancial, sino solo funcional, en el sentido de que el organismo incorpora los objetos a los esquemas operatorios conductuales o tramas de acciones susceptibles de repetirse activamente (como el chupar, golpear o frotar los objetos por un niño) para poder asimilarlos.

La Acomodación es la función recíproca, que entra en funcionamiento cuando el medio cambia o presenta dificultades a su asimilación por el organismo y, al modificarse y alterarse con ello el ciclo asimilador, el organismo no permanece pasivo, sino que reacciona ante esta presión de las cosas realizando acciones de acomodación de su organismo a la nueva situación.

La Adaptación del organismo al medio se alcanza, según Piaget, cuando se consigue un equilibrio entre ambas funciones operatorias de Asimilación y de Acomodación. Piaget supone, como Fichte, aunque de un modo menos puramente lógico y más positivamente experimental, que todo el desarrollo genético del conocimiento humano, desde los conocimientos más simples, como la percepción o el hábito, hasta los más complejos, como las operaciones superiores del pensamiento lógico y matemático, se producen y progresan en función del equilibrio entre la Asimilación y la Acomodación a realidades cada vez más alejadas de la acción propia.

Pero, a diferencia de Fichte, Piaget no explica dicha génesis de los conocimientos mediante el dualismo actividad/pasividad del sujeto para generar las representaciones, prácticas en un caso y teóricas en el otro. Sino que dichas funciones de Asimilación y Acomodación requieren diferentes tipos de acciones, en un caso de Asimilación y en el otro de Acomodación. La explicación de la producción de diferentes tipos de conocimientos, como vimos más arriba, la lleva a cabo Piaget planteando tres posibilidades de relación entre ambas funciones: que la Asimilación predomine sobre la Acomodación, como ocurre en el caso de los llamados juegos de construcción infantiles, barruntos de la invención técnica del adulto. Que ocurra al revés, predominando la Acomodación sobre la Asimilación, como ocurre en los juegos de imitación, en consonancia con la invención artística. Y, por último, que haya un equilibrio entre ambas funciones, con lo que se obtiene el conocimiento inteligente propio de la actividad científica o filosófica, en el que se produce un cierre operatorio al alcanzarse un equilibrio por neutralización de ambas funciones. Con ello queda explicado el origen de todo el conocimiento inteligente, aunque de una forma nueva que no es ni meramente formal ni apriorística, como ocurría en Fichte y Kant, sino de un modo constructivo-deductivo, que podemos denominar biológico, psicológico y lógico-material.

A partir de este Tercer Principio deberíamos poder establecer con claridad los valores tenidos por Trascendentales de lo útil, lo verdadero, lo bello y lo bueno, de una forma nueva y mejor fundada, racionalmente hablando, que la apelación a la existencia de un Dios cartesiano, garantía de nuestras verdades matemáticas y éticas por su infinita bondad, o de un Yo fichteano, causa y fundamento racional último de la verdad universal y necesaria de los juicios sintéticos *a priori* de las ciencias y de los imperativos categóricos morales.

Utilidad técnica y conocimiento científico

Comenzaremos por los valores de lo útil o valores que rigen las actividades técnicas humanas. Las relaciones técnicas son, como vimos, las relaciones adaptativas (más asimilativas que acomodativas) que establecen los hombres con el medio entorno natural. En tal sentido no son específicas de los hombres y aparecen ya en la escala animal (las presas que construyen los castores, las telas de las arañas, los nidos de las aves, etc.). Lo que empieza a diferenciar a determinados animales superiores, como los simios, es la utilización de instrumentos manuales (palos, cañas, etc.). Los cambios evolutivos que dieron lugar a la bipedestación y al desarrollo anatómico de una mano exenta, tan asombrosos por sus consecuencias, es lo que parece haber influido más decisivamente en la configuración de la especie humana. La primitiva industria lítica, que se tiene como origen de la técnica propiamente humana, a partir del *homo habilis*, hace aproximadamente dos millones de años, es la primera y más antigua de las relaciones con la naturaleza que nos separan ya claramente de nuestros antepasados símios. Como señaló Bergson, antes de ser *homo sapiens* el hombre es *homo faber*, es decir, fabricador de instrumentos inorgánicos o culturales (hachas, flechas, buriles, etc.) con instrumentos orgánicos (las manos). La conexión mano-cerebro, -en el sentido en que hoy se pone más claramente de manifiesto por los científicos, al entender que la progresiva configuración del cerebro, que lo hace sensiblemente mayor y más complejo, como si de un ordenador que va ampliando su tamaño al añadir nuevos sistemas operatorios se tratara-, fue debida muy principalmente al incremento de las habilidades manuales y es el hilo conductor corporal (*am der Leitfaden der Leib*, que decía Nietzsche) que nos permite desvelar nuestros orígenes más específicamente humanos, sin perdernos en la noche de los tiempos. La reflexión propiamente filosófica sobre la técnica es sin embargo relativamente tardía. No puede remontar, considerando los grandes filósofos, más atrás de Fichte. Por ello deberemos aclarar antes esta cuestión.

Aunque tomamos a Fichte como referente en los intentos contemporáneos, posteriores a Descartes o Spinoza, de iniciar una nueva fundamentación de la racionalidad humana como Razón dialéctica, no quiere decirse con ello que esos intentos tengan que ser enteramente fieles al idealismo. El territorio que subyace a la nueva cimentación desarrollada por las tres *Críticas* kantianas, en la que se apoya Fichte, fue ya establecido y recorrido por Aristóteles. Pues la división en que se basan las tres formas de conocimiento (teórico, práctico y poético) procede de la conocida división aristotélica del saber. En dicho sentido somos hoy todos tan kantianos como aristotélicos. Aunque ya no coincidimos en lo que todavía coinciden Aristóteles y Kant, los cuales manejan una concepción proposicionalista o predicativa de lo que se entiende por ciencia, especialmente cuando tratan de la ciencia de la Lógica. Pues, la Lógica moderna, como bien advirtió uno de sus creadores, Bertrand Russell, se fundamenta en la Lógica de Relaciones reduciendo la predicación aristotélica a un caso particular de las relaciones, las relaciones monádicas. Pero, además, tanto en Aristóteles como en Kant se da un cierto "olvido de la técnica". En el caso del primero pesa el desprecio de los griegos por lo oficios manuales, por lo que lo *poietico* en Aristóteles se centra sobre todo en las "bellas artes", el teatro en especial, y la retórica. En el caso del segundo es el ideal racionalista de las matemáticas, como ciencias *aprioísticas* ideales o abstractas, el que le lleva a rechazar para los objetos técnicos una consideración científica:

"El calado de este problema se percibe muy bien en la negativa kantiana a considerar 'casas, barcos y relojes' como objetos propios de un conocimiento científico, conocimiento que debe circunscribir exclusivamente a lo que él llama - algo vaporosamente como todo el XVIII - 'naturaleza'. No puede haber ciencia de lo artificial. Y no puede haberla porque sería una ciencia de la cosa en sí, pues, como el propio Kant señala hablando de casas, barcos y relojes; '*son los únicos - objetos de nuestra experiencia - cuya causa y cuyo modo de operar conocemos perfectamente*'. Si es '*ciencia* ', es '*de la naturaleza* ' "(I. Quintanilla Navarro, *Techne. Filosofía para ingenieros*, Noesis, Madrid, 1999, pp. 165-166).

Creemos que hay que invertir completamente los planteamientos aristotélicos y kantianos, no solamente para rescatar del olvido a la técnica, sino para convertirla en la piedra de apoyo en la que fundamentar de una forma nueva al propio pensamiento filosófico. La *póiesis*, artística y técnica, debe ser, como veremos, origen tanto de la *theoria* científica como de la *praxis* ético-moral.

Pero Kant no edificó al completo una nueva fundamentación de la filosofía que sustituyese a la de Aristóteles. Kant realmente no rebasó el terreno particular de la gnoseología, en el que cosechó sus mayor éxito y reconocimiento, pues en la forma de organizar las partes de su *Crítica de la razón pura* obedece todavía a tradicionales distinciones escolástico-aristotélicas, tomadas de la escolástica de la escuela wolffiana. Esa tarea la inició Fichte, apoyándose y corrigiendo a Reinhold, con su Filosofía Primera del sujeto autoconsciente, del Yo como principio supremo de la Filosofía y su método dialéctico de deducción de los contenidos y verdades filosóficas en forma de un Sistema consistente. En Fichte se inicia la construcción de una filosofía primera que ya no está presidida por el sustancialismo platónico-aristotélico, renovado por el espinosismo y que aún pervive en la Cosa en si kantiana. Pues, aunque el Yo de Fichte, entendido como una unidad reflexiva de Sujeto y Objeto, como Autoconciencia, ocupa ahora el lugar de la Substancia espinosista, no es ya una substancia mecánica y muerta, ni siquiera es Substancia, sino principalmente Sujeto, como diría después Hegel en el famoso Prólogo a la *Fenomenología del Espíritu.*

Sin embargo, Fichte, continuando en esto a Kant y al protestantismo, tendió a entender la actividad del Yo en términos de una pura interioridad cuya esencia puede ser captada en una intuición intelectual nouménica inmediata, por lo cual su filosofía adquirió un carácter mentalista, idealista, que reforzará Hegel, apoyándose en la Filosofía de la Identidad del primer Schelling, pero escorándola hacia el espiritualismo. Schelling, sin embargo, con su posterior propuesta de una Filosofía Positiva, no meramente racional o mental, puso las vías para una rectificación de la desviación idealista que Hegel había imprimido a su Filosofía de la Identidad. El propio positivismo clásico, en Comte y en Spencer, comenzó a orientar la solución de los problemas psicológicos hacía las ciencias biológicas, aunque incurriendo, sin embargo, en un reduccionismo mecanicista, contra el que reaccionará Bergson. Sólo con Piaget se alcanza una psicología científico-experimental que, partiendo de fundamentos científico-biológicos, los supuestos generales del evolucionismo científico, consigue una explicación positiva del conocimiento humano sin incurrir en reduccionismo psico-fisiológico. La Razón meta-biológica sustituye entonces, para nosotros, a la Razón metafísica de los antiguos y a la racionalidad idealista o interiorista de los modernos. Como en Kant se afirmaba un Primado de la Razón práctica, afirmaremos aquí el Primado de la Razón técnico-biológica, aunque entendiendo que el *primum* no es el *summun*. Sin olvidar tampoco que las tres racionalidades aristotélicas clásicas, poiética, teórica y práctica, son determinaciones de una misma Razón vital. Y en ese sentido el primer paso que debemos dar es el planteamiento de una fundamentación de la Razón manual, presupuesto de toda técnica y arte poiéticos, pues esta subyace como último Rubicón tras el que se despliegan los conocimientos propiamente humanos, los conocimientos científicos y los valores ético-morales y religiosos.

Para una filosofía positiva todo nuestro conocimiento comienza, como decía Kant, con la experiencia. Pero Kant todavía seguía a Aristóteles, aunque le diese la vuelta copernicanamente, cuando planteaba en términos psicológicos el conocimiento, como producción de representaciones proposicionales. La imagen que corresponde más fielmente a la inmensa experiencia de la realidad que nos suministra la ciencia contemporánea, es más bien la del saber como poder, tal como afirmaba el canciller Francis Bacon, del saber como una capacidad o una habilidad que nos permite el control de la realidad en la lucha por la supervivencia. El conocimiento en este sentido no tiene ya, principalmente, la finalidad de producir una "representación" proposicional o mental del mundo como su fin último, cuanto la de proporcionarnos la habilidad de construir unos instrumentos tecnológicos que nos permiten, a través de su uso y de las construcciones que con ellos podemos hacer en forma de modelos, aparatos, etc., el dominio y la incorporación a nuestro poder de amplias capas de la realidad que nos rodea. Por ello no entendemos la experiencia científica como una experiencia meramente representativa y perceptiva, sino fundamentalmente como experiencia tecno-científica, manual-operatoria en el sentido de Gustavo Bueno; experiencia que, por su desarrollo y complejidad, nos diferencia sustancialmente de los animales en el control del mundo entorno necesario en la lucha por la vida. La inteligencia humana, después de los análisis bergsonianos, no es tanto una capacidad o habilidad del entendimiento para comparar, enlazando y separando, las representaciones que del mundo nos llegan por los sentidos, cuanto una capacidad o habilidad manual para construir instrumentos inorgánicos que nos permiten tejer una red protectora que nos mantiene unidos con los lados beneficiosos del entorno y nos aleja de lo que amenaza nuestra existencia vital. Todo nuestro saber-dominio humano de la realidad comienza con la experiencia tecnológica, atestiguada ya hace millones de años por los restos de industrias líticas, aunque no todo él se pueda reducir a dicha experiencia técnica.

Como hoy sabemos, las ciencias no tienen su origen en la busqueda de una mirada pura de las cosas, sino que brotan de las tecnologías (tesis de W. Dilthey, Boris Hessen, B. Farrington, G. Bueno); pero a su vez la ciencia revoluciona las tecnologías, generando tecnologías nuevas como la electricidad, la ingeniería nuclear, la biotecnología, etc. Por tanto, se puede afirmar que, en cierto sentido, el conocimiento científico, aunque brota de las téc-nicas previamente existentes, llega a ser independiente de ellas, e incluso muchas veces llega a ser algo constitutivo, *a posteriori*, para ellas. Adquiere por ello un carácter de conocimiento trascendental. Con ello no quiere decirse que no suponga alguna relación originaria, o incluso final, como ocurre con los *experimentum cruzis*, con la experiencia técnica, sino sólo que la rebasa e incluso la envuelve reduciéndola a un caso particular de un conocimiento mucho más amplio y profundo. Por ello nos es fundamental tener algún criterio que nos permite distinguir con claridad el conocimiento meramente técnico del conocimiento científico.

Kant había atribuido al conocimiento científico las características de necesidad sintética *a priori* y universalidad. Pero el contexto en el que Kant realizó sus análisis de las proposiciones científicas como proposiciones universales y necesarias era todavía el de la Lógica aristotélica. La famosa distinción entre las proposiciones analíticas y sintéticas debe ser reformulada a la luz de la moderna Lógica matemática. Pues como ha señalado con extraordinaria claridad uno de sus creadores, Bertrand Russell:

"Antes de considerar la inferencia, por lo tanto, la lógica debe considerar aquellas formas más simples que la inferencia presupone. Aquí la lógica tradicional fracasó por completo: creyó que había sólo una forma de proposición simple (es decir, de proposición que no formula una relación entre dos o más proposiciones), a saber, la forma que adjudica un predicado a un sujeto. Esta es la forma apropiada para señalar las cualidades de una cosa dada: podemos decir <<esta cosa es redonda, y roja y así sucesivamente>>. La gramática prefiere esta forma, pero filosóficamente está tan lejos de lo universal que ni siquiera es muy común. Si decimos <<esta cosa es más grande que aquélla>>, no estamos señalando una mera cualidad de <<esto>>, sino una relación de <<esto>> y <<aquello>>. Podríamos expresar el mismo hecho diciendo <<aquella cosa es más pequeña que ésta>>, donde gramaticalmente el sujeto está cambiado. De este modo, las proposiciones que plantean que dos cosas tienen cierta relación, tienen diferente forma de las proposiciones de sujeto-predicado, y el descuido en percibir esta diferencia o en tenerla en cuenta ha sido la fuente de muchos errores en la metafísica tradicional" (B. Russell, "La lógica como esencia de la filosofía", en *Conocimiento del mundo exterior*, Los libros del mirasol, Buenos Aires, 1964, p. 44).

En tal sentido el análisis de las proposiciones científicas ya no puede seguir haciéndose como todavía lo hacía el propio Kant. Pues todavía Kant mismo, a pesar de sus esfuerzos por ofrecer una fundamentación lógica de la lista rapsódica de las Categorías aristotélicas, está preso de la lógica aristotélica cuando interpreta la proposición aritmética <<5 +7=12>> en clave copulativa:

"En efecto: en el juicio <<5+7=12>>, Kant interpretó <<12>> como predicado de una proposición cuyo sujeto fuera <<5+7>>. Ahora bien, desde una perspectiva gnoseológica, tanto <<5>> como <<7>> y como <<12>> son términos, por lo que la proposición se hará consistir en la interposición de una relación - en este caso, un predicado de igualdad - entre el resultado <<12>> de la operación *adición* aplicada a dos términos del campo de la aritmética, <<7>> y <<5>>" (G. Bueno, *¿Qué es la ciencia?*, Pentalfa, Oviedo, 1995, pp. 49-50).

El intento de Kant de aislar un tipo de proposiciones, las proposiciones sintéticas *a priori*, como aquellas que caracterizan y distinguen el conocimiento científico positivo del que no lo es, se mantiene en un plano proposicionalista, que empieza a ser rebasado por el propio Fichte, en tanto que considera su *Wissenschatslehre* como un sistema de demostración de Teoremas, imitando a la *Ética* de Spinoza. Pues si se considera que lo que realmente distingue a las ciencias de este tipo de saberes logomàquicos o proposicionalistas, no es tanto el basarse en un tipo determinado de proposición, cuanto en una determinada organización algebraica cerrada de proposiciones, que se denominan Teoremas, -tales como el Teorema de Pitágoras-, entonces las proposiciones en este caso pasan a desempeñar el papel de partes de una estructura más compleja. Esta es justamente la perspectiva a la que se acoge Gustavo Bueno:

"Precisamente uno de los vicios de origen que cabe atribuir a muchas teorías de la ciencia de nuestros días es su tendencia a tomar ciertas partes materiales de las ciencias - por ejemplo, proposiciones tales como 'todos los cuervos son negros' o bien 'aquí y ahora chasquido' - como prototipos en torno a los cuales fuera posible desprender la estructura del conocimiento científico (...). Una ciencia, en cuanto totalidad constructiva, puede ser redefinida como un <<conjunto de teoremas>> - redefinición que sigue siendo parcial, puesto que también podrían ser reagrupadas sus partes formales según otros criterios -. Sin embargo, los teoremas, en sentido gnoseológico (y no solo, insistimos, en un sentido lógico formal), y en tanto en ellos se determina ya una verdad, constituirán un nivel de análisis de las ciencias en partes formales análogo al que, por ejemplo, constituyen las células con respecto a los organismos animales o vegetales (en este sentido, un teorema podría considerarse como una <<célula gnoseológica>>" (G. Bueno, *Teoría del cierre categorial*, t. 1, Oviedo, 1992, Pentalfa, pp. 103-104).

Con esta nueva perspectiva operatoria del conocimiento científico se recoge, desde otro punto de vista, el carácter sintético, y no meramente analítico, que el propio Kant atribuía también a las proposiciones científicas, incluidas las proposiciones matemáticas, tales como <<7+5=12>>, pues la constitución objetiva que caracteriza a las verdades científicas resulta de procedimientos operatorios, a veces sumamente complicados, aunque la a prioridad que les atribuía Kant debe ser sustituida ahora por el carácter *cerrado* de las construcciones científicas por las cuales se establecen los teoremas:

"La teoría del cierre categorial apela, como única posibilidad abierta para lograr esta constitución objetiva, a los procesos de *construcción cerrada* en virtud de los cuales unos objetos, que mantienen relaciones dadas entre sí, compuestos o divididos con otros de clases diferentes, pueden llegar a determinar terceros objetos capaces de mantener relaciones del mismo género con los objetos a partir de los cuales se originaron. La construcción se llama <<cerrada>>, por tanto, en sentido similar al que un álgebra o una aritmética dan a sus operaciones cerradas (la operación aritmética <<5+7>> es cerrada en el campo de los números naturales porque su resultado es un término de ese mismo campo, a saber, el <<12>>; un término recombinable, además, en este caso, con los anteriores, según operaciones también cerradas en N: <<12+5>>, <<12+7>>). Ahora bien, una operación cerrada (respecto de una única clase dada, tal como la clase N de los números naturales) aunque pueda dar lugar a <<cierres tecnológicos>>, no por ello tiene que abrir el paso, por sí misma, a un cierre categorial, ni, por tanto, desencadenar la construcción de un teorema. Un cierre categorial va referido a campos cuyos términos están organizados, según hemos dicho, en más de una clase, y asociados a operaciones diferentes. Por ello un cierre categorial implica un sistema de operaciones entretejidas..." (G. Bueno, *¿Qué es la ciencia?*, pp. 56-57).

En tal sentido, de acuerdo con tales resultados analíticos de la Teoría del Cierre Categorial de Gustavo Bueno, nosotros no diremos ya, como Kant, que el criterio de cientificidad es la existencia de proposiciones sintéticas *a priori*, sino que la cientificidad reside en la existencia de construcciones operatorias cerradas que generan teoremas: esto es proposiciones que expresan igualdades o identidades sintéticas. Pero dichas identidades no son posibles, como Kant pensaba, por la existencia en la naturaleza humana de unas formas *a priori*, sino por la posibilidad de que determinadas operaciones - las cuales deben ciertamente presuponer unas condiciones corporales propias de un organismo vivo (no ya exclusivamente formales o materiales) dadas por evolución, por ejemplo, la capacidad de manipular objetos - puedan llegar a neutralizarse o a eliminarse a través de construcciones más o menos artificiosas en el establecimiento de relaciones constantes y firmes entre los objetos o términos manipulados.

De esta forma, asumiendo que lo que distingue al conocimiento científico es la construcción operatoria de igualdades o Identidades sintéticas, de leyes que se expresan por igualdades como $<<F=m.a>>$ o $<<E=mc>>$, la pregunta kantiana por su posibilidad recibirá una respuesta diferente, una respuesta que en buena parte ya ha sido dada por Gustavo Bueno, y en tal sentido no tenemos que añadir nada esencial. Pero creemos que es necesario volver a determinar la amplitud y los límites de la Razón cuando intenta sobrepasar, no ya la kantiana "experiencia posible", sino, y asumiendo de frente el papel central de la técnica que Kant infravaloró, la manipulación técnica o científica posible. Por tanto, antes de preguntar por cómo es posible la ciencia, habrá que hacer la pregunta de la que se olvidó Kant: ¿cómo es posible la técnica?.

Hemos visto, más arriba, cómo surge, lo que el propio Kant en su *Crítica del Juicio* llamó una "raíz común" a la razón teórica y a la práctica en las operaciones manuales de los homínidos que abren paso a las técnicas y artes humanos. Kant declaraba desconocida esa raíz común, aunque en la *Crítica del juicio* la busca en el terreno del arte y de la biología. Fichte creyó hallarla en la actividad reflexiva (*Thathandlung*). Nosotros, tras las aportaciones de Piaget y la Paleoantropología, creemos poder identificarla en la habilidad operatoria humana: la habilidad de fabricar instrumentos inorgánicos con otros instrumentos orgánicos, como decía Bergson. En tal sentido, en vez de decir, como Fichte, que el "Yo pone al Yo" decimos que "la mano-instrumento corpóreo-operatoria construye o pone el instrumento corpóreo-operatorio inorgánico". Dicha habilidad fabricadora se manifiesta inmediatamente como técnica, por medio de la cual el sujeto homínido comienza su dominio del medio natural. La capacidad de tallar hachas con piedras de sílex, las industrias líticas, abren un proceso de dominio pre-científico de la naturaleza entorno. Y se manifiesta mediata y posteriormente como ciencia, tras la aparición de un lenguaje simbólico, el lenguaje matemático primero, que permite operar con símbolos, con lenguajes formalizados. Conocimiento sensible e inteligible, términos propios de una Psicología o epistemología del conocimiento aristotélico-kantiana, deben ser sustituidos, por ello, desde lo que denominamos una Operatiología entendida como una gnoseología de la habilidad corporal, como acciones cognoscitivas técnico-manuales y acciones representativas técnico-simbólicas.

Estas son las dos fuentes de la producción de conocimiento-dominio. No son ya la sensación y la reflexión como en la gnoseología psicologista de Locke y Kant. Ambas fuentes remiten a una raíz común que no es otra que la capacidad operatoria del organismo humano que ha devenido trascendental *a posteriori*, pues la aprioridad de dichas capacidades operatorias no es absoluta, sino resultado de la evolución y transformación de acciones instintivas previas:

"Se puede hablar, si se quiere, de un *a priori* funcional en el sentido de que toda estructura es el resultado de una actividad y de que, si toda actividad procede recíprocamente de una estructura, el << fondo común>> (como Hegel en caso de oposición dialéctica) es entonces una actividad estructural o, lo que viene a ser lo mismo, una estructura activa y dirigida (autorregulación), lo cual implica, de todas maneras, un funcionamiento general y continuo. Si éste es necesario, como ya vimos, no es más que el punto de partida y no la preformación de las formas superiores de necesidad (estructuras lógico-matemáticas) mediante una serie de reconstrucciones no predeterminadas. En resumen, el funcionamiento general que invocamos nada tiene de un *a priori* cognoscitivo o biológico, puesto que *no es disociable de una construcción continua* y expresa simplemente la invariante funcional inherente a todo sistema de transformación" (Jean Piaget, *Biología y conocimiento*, Siglo XXI, Madrid, 1973, p. 299).

Para centrarnos en tales diferentes momentos evolutivos, conectados con la relación entre el hombre y la técnica, que permitieron el establecimiento del dominio espacio-temporal de nuestro mundo entorno, por lo que tal relación hombre-técnica ha devenido trascendental para la supervivencia de la especie humana en la dura lucha por la existencia, utilizaremos la conocida periodización orteguiana del desarrollo histórico de la técnica. En dicha periodización la consideración más primitiva de la técnica tiene que ver con la figura del inventor técnico, representada por la impresión del "ajá" de que hablaba Köhler observando la conducta de sus chimpancés, del *eureka* o de la imagen mental de la bombilla que se enciende. La época más gloriosa de estos inventores individuales es la época más primitiva de la humanidad, cuando se inventa el fuego, la cocción de alimentos, etc., inventos muy sencillos, pero de gran trascendencia para la constitución de la humanidad.

Ya Engels decía que "el fuego hizo al hombre", en el sentido de que fue un invento por el que el hombre, que se adapta al medio como otro animal, empieza a adaptar el medio a sus necesidades. En tal sentido Ortega sostenía que los actos técnicos:

"no son aquellos en que el hombre procura satisfacer directamente las necesidades que la circunstancia o naturaleza le hace sentir, sino precisamente aquellos que llevan a reformar esa circunstancia eliminando en lo posible de ella esas necesidades, suprimiendo o menguando el azar y el esfuerzo que exige satisfacerlas. Mientras el animal, por ser atécnico, tiene que arreglárselas con lo que encuentra dado ahí y fastidiarse o morir cuando no encuentra lo que necesita, el hombre, merced a su don técnico, hace que se encuentre siempre en su derredor lo que ha menester - crea, pues, una circunstancia nueva más favorable, segrega, por decirlo así, una sobre-naturaleza adaptando la naturaleza a sus necesidades. La técnica es lo contrario de la adaptación del sujeto al medio, puesto que es la adaptación del medio al sujeto. Ya esto bastaría para hacernos sospechar que se trata de un movimiento en dirección inversa a todos los biológicos" (J. Ortega y Gasset, *Meditación de la técnica*, Revista de Occidente en Alianza Editorial, Madrid, 1998, p. 31).

Para decirlo en términos de Piaget, con la técnica se reducen cada vez más las acomodaciones del sujeto para adaptarse al medio aumentando, por medio de los instrumentos y las máquinas, la habilidad o capacidad de asimilar el alimento energético necesario para vivir. Por ello la vida humana se hace confortable. No obstante Ortega no considera que la mera capacidad técnica de fabricar instrumentos sea lo que distingue la inteligencia humana de la de un chimpancé:

"No sólo en los famosos estudios de Köhler sobre chimpancés, sino en otras muchas provincias de la psicología animal aparecen más o menos problemáticamente, la capacidad del animal para producir instrumentos elementales. Lo importante en todas estas observaciones es advertir que la inteligencia estrictamente requerida para la invención del instrumento parece existir en él. La insuficiencia, lo que en efecto hace imposible al animal llegar con eficaz plenitud a la posesión del instrumento no está, pues, en la inteligencia *sensu stricto*, sino en otro lado de su condición. Así Köhler muestra que lo esencialmente defectuoso del chimpancé es la memoria, su incapacidad de conservar lo que poco antes le ha pasado y, consecuentemente, la escasísima materia que ofrece a su inteligencia para la combinación creadora" (J. Ortega y Gasset, *Ibid.*, pp. 69-70).

Una imaginación más grande que la del chimpancé, requiere una memoria más potente, que a su vez solo es posible en un cerebro mayor. Desde los tiempos de Ortega y Köhler la ciencia ha profundizado mucho más en torno a esta cuestión. Se ha constatado que los animales no carecen de ciertas habilidades técnicas para adaptar también el propio medio natural por medio de sus picos, garras boca o manos, como ocurre con los castores, los monos que enchufan cañas, etc. Pero, se ha puesto también de manifiesto una relación importantísima entre el crecimiento cerebral humano y una serie de cambios anatómico evolutivos en los homínidos que permiten discernir una especie de paso del Rubicón entre el hombre y dichos animales: la bipedestación y la aparición de una mano exenta con un tipo de movimientos articulatorios hasta entonces inéditos, con la aparición de una memoria ya no meramente episódica, propia de los simios, sino de una memoria mimética, como sostiene Merlín Donald. Todo ello es algo que contribuyó esencialmente, a la configuración y crecimiento cerebral a partir del llamado *homo habilis* y más precisamente del *homo erectus* al que se le ha probado la habilidad consolidada en el manejo de instrumentos. Ya anteriormente la famosa australopiteca Lucy, cuyos restos se encontraron en Etiopía, por su bipedestación y la configuración muy cercana a la humana de su mano, pudo inventar el primer proyectil, dada su habilidad, asimismo probada, de lanzar piedras a distancia con la puntería y precisión de un *pitcher* de béisbol (F. R. Wilson, *La mano. De cómo su uso configura el cerebro, el lenguaje y la cultura humana*, Tusquets, Barcelona, 2002, p. 40).

Por tanto, decir que los animales manejan y construyen instrumentos como los humanos es decir algo impreciso. Pues es el hombre,- por lo que durante mucho tiempo pareció un detalle nimio, la diferente configuración biomecánica de su mano -, el que pasa el Rubicón e inicia un tipo de habilidades manuales de una complejidad inédita que a la larga le da la superioridad en la lucha por la supervivencia y le permite un nueva configuración de su cerebro; un cerebro cuyo hemisferio derecho parece que se configuró primero ante la necesidad de crear y fijar rutinas neuronales que permitiesen ir configurando y automatizando la novedosa cantidad de posibilidades manipulatorias que se abrían, y cuyo hemisferio izquierdo, que tiene una relación probada con las habilidades lingüísticas, se habría configurado posteriormente cuando la lógica o álgebra de las operaciones manuales fue utilizada para organizar operatóriamente los sonidos guturales. En tal sentido, la invención del hacha de sílex, del proyectil (piedra, lanza, flecha, etc.) o del fuego, requiere una mano con unas capacidades articulatorias que ningún animal posee. Y por ello Anaxágoras finalmente tendría razón cuando intuyó, sin poder demostrarlo, que la inteligencia humana provenía de las manos. (Sobre la conocida contraposición entre Anaxágoras y Aristóteles acerca de la relación entre las manos y la inteligencia humana ver Julián Velarde, *La mano humana*, Punto Rojo Libros, Sevilla, 2021, cap. III.1 y III.2: "La tesis de Anaxágoras es: el hombre es la criatura más inteligente porque tiene manos. La tesis inversa de Aristóteles es: el hombre tiene manos porque es la criatura más inteligente. Y estas dos explicaciones contrapuestas de Aristóteles/Anaxágoras se han convertido en dos modelos o paradigmas que han pervivido hasta nuestros días, y que podríamos llamar respectivamente modelo *finalista* (o *del diseño*) y modelo *naturalista* (o en terminología a partir de Darwin *evolucionista*)", p. 81).

En el desarrollo de la técnica, la técnica del azar es llamada así por Ortega porque:

"...el azar es en ella el técnico, el que proporciona el invento, es la técnica primitiva del hombre pre y proto-histórico y del actual salvaje - se entiende, de los grupos menos avanzados -, como los Vedas de Ceilán, los Semang de Borneo, los pigmeos de Nueva Guinea y Centro África, los australianos, etc.(...) El primitivo no sabe que puede inventar, y porque no lo sabe, su inventar no es un previo y deliberado buscar soluciones. Como antes sugerí, es más

bien la solución quien le busca a él. En el manejo constante e inde-
liberado de las cosas circundantes se produce de pronto, por puro
azar, una situación que da un resultado nuevo y útil. Por ejemplo,
rozando por diversión o prurito un palo con otro brota el fuego.
Entonces el primitivo tiene una súbita visión de un nuevo nexo
entre las cosas. El palo, que era algo para pegar, para apoyarse,
aparece como algo nuevo, como lo que produce fuego. El
primitivo, así tenemos que imaginarlo, queda anonadado, porque
siente como si la naturaleza de improviso hubiera hecho penetrar
en él uno se sus misterios. Ya el fuego era para él un poder
divinoide del mundo y le suscitaba emociones religiosas. El nuevo
hecho, el palo que hace fuego, se carga por una y otra razón de
sentido mágico. Todas las técnicas primitivas tienen originariamente un halo mágico, y sólo son técnicas para aquel hombre
por lo que tiene de magia. Ya veremos luego cómo la magia es, en
efecto, una técnica, aunque fallida e ilusoria" (Ortega y Gasset, *Ibid.*,
pp. 75-6).

Dicho periodo corresponde al momento más primario del
desarrollo de las relaciones pragmáticas entre el hombre y la
técnica, al momento en que, como escribe Ortega, cada individuo,
de forma indiferenciada, es técnico:

"La sencillez y escasez de esa técnica primigenia trae consigo
que sean ejercitados sus actos por todos los miembros de la
colectividad. Todos hacen fuego, elaboran arcos y flechas, etc. Es
decir, que la técnica no parece destacada ni siquiera por el hecho
que va a constituir la segunda etapa en la evolución, a saber, que
sólo ciertos hombres - los artesanos - saben hacer determinadas
cosas. La única diferenciación que se produce muy pronto estriba
en que las mujeres se ocupan en ciertas faenas técnicas y los
varones en otras. Pero esto no basta para aislar el hecho técnico
como algo peculiar a los ojos del primitivo, porque también el
repertorio de actos naturales es un poco diferente en la mujer y en
el varón" (*Ibid.*, pp. 75-6).

La técnica del artesano supone ya un grado de sociedades
humanas más evolucionadas, en las que se introduce una división
del trabajo mucho más compleja, con la aparición de artesanos
profesionales. Es la técnica de las civilizaciones antiguas:

"... comparando la nueva situación técnica que este segundo estadio representa con la primitiva, conviene subrayar (...) el enorme crecimiento de los actos técnicos. No pocos de estos se han hecho tan complicados que no puede ejercitarlos todo el mundo y cualquiera. Es preciso que ciertos hombres se encarguen a fondo de ellos, dediquen a ellos su vida: son los artesanos. Pero esto acarrea que el hombre adquiera ya una conciencia de la técnica como algo especial y aparte. Ve la actuación del artesano -zapatero, herrero, albañil, talabartero, etc., -, y entiende la técnica bajo la especie o figura de los técnicos que son los artesanos; quiero decir: aún no sabe que hay técnica, pero ya sabe que hay técnicos, hombres que poseen un repertorio peculiar de actividades que no son, sin más ni más, las generales y naturales en todo hombre" (*Ibid.*, p. 80).

Con dicha división del trabajo aparece un momento dialógico en que se produce una disociación entre artesano e inventor unida a una tendencia a la especialización y profesionalidad:

"... en la artesanía no se concibe la conciencia del invento. El artesano tiene que aprender en largo aprendizaje - es la época de maestros y aprendices - técnicas que ya están elaboradas y vienen de una insondable tradición. El artesano va inspirado por la norma de encajarse en esa tradición como tal: está vuelto al pasado y no abierto a posibles novedades. Sigue el uso constituido. Se producen, sin embargo, modificaciones, mejoras, en virtud de un desplazamiento continuo y por lo mismo imperceptible; modificaciones, mejoras, que se presentan con el carácter no de innovaciones sustantivas, sino, más bien, como variaciones de estilo en las destrezas. Estos estilos de tal o cual maestro se transmiten en forma de escuelas; por tanto, con el carácter formal de tradición" (*Ibid.*, p. 81).

Dicha disociación entre inventor y artesano no es total al principio, pero a la larga el peso de la tradición acaba fosilizando las técnicas con lo que la libertad inventora es perseguida y marginada por el peso del maestro, depositario de una tradición venerable sobre el aprendiz, cada vez más sumiso y obediente.

La aparición de las ciencias acabará alterando esta situación al elevar la técnica del nivel de la producción de instrumentos al de la producción de máquinas. Con ello se inaugura el periodo que Ortega denomina el de la técnica del técnico:

"... el invento sólo ha llegado a producir instrumentos y no máquinas. Esta distinción es esencial. La primera máquina propiamente tal, y con ello anticipo el tercer estadio, es el telar de Robert creado en 1825. Es la primera máquina, porque es el primer instrumento que actúa por sí mismo y por sí mismo produce el objeto. Por eso se llamó *selfactor*, y de aquí *selfactinas*. La técnica había sido, manipulación, maniobra, y se convierte *sensu stricto* en fabricación. En la artesanía el utensilio o trebejo es sólo suplemento del hombre. Este, por tanto, el hombre con sus actos <<naturales>>, sigue siendo el actor principal. En la máquina, en cambio, pasa el instrumento a primer plano y no es él quien ayuda al hombre, sino al revés: el hombre es quien simplemente ayuda y suplementa a la máquina. Por eso ella, al trabajar por sí y desprenderse del hombre, ha hecho a éste caer intuitivamente en la cuenta de que la técnica es una función aparte del hombre natural, muy independiente de éste y *no atenida a los límites de éste*. Lo que un hombre con sus actividades fijas de animal puede hacer, lo sabemos de antemano; su horizonte es limitado. Pero lo que pueden hacer las máquinas que el hombre es capaz de inventar es, en principio, ilimitado"(*Ibid.*, p. 82).

El salto del instrumento a la máquina solo es posible a través de las ciencias. Pues la construcción de la máquina de vapor supone el control exacto de las relaciones entre temperatura, presión, volumen, que sólo a partir del establecimiento de leyes químicas, como la de Gay-Lussac o Boyle-Mariotte, fue posible. Por ello la introducción de la ciencia en la tecnología entraña un momento normativo de leyes científicas, por la relación que la ciencia tiene con el establecimiento de relaciones verdaderas y exactas, que permiten sustituir la autoridad, meramente experimental, del viejo maestro frente al joven aprendiz, por la referencia hacia el conocimiento objetivamente verdadero. De tal modo, con la intervención de la ciencia se encuentra una solución equilibrada entre invento y tradición, en el sentido de que el carácter crítico relacionado con la experimentación previamente planeada, y ya no meramente azarosa como en los primitivos, permite en situaciones límite, en las llamadas revoluciones científicas, abrir paso a la innovación aún a costa del peso consagrado de la tradición. El artesano debe dejar entonces paso al ingeniero:

"Hoy está la técnica ante nuestros ojos, tal y como es, exenta, aparte y sin confundirse y ocultarse en lo que no es ella. Por eso se dedican concretamente a ella ciertos hombres, los técnicos. En la Edad Paleolítica o en la Edad Media, el inventar no podía constituir un oficio porque el hombre ignoraba su propio poder de invención. Hoy, por el contrario, el técnico se dedica, como a la actividad más normal y preestablecida, a la faena de inventar. Al revés que el primitivo, antes de inventar sabe que puede inventar; esto equivale a que antes de tener una técnica tiene *la* técnica. Hasta este punto y aun en este sentido casi material, es cierto lo que vengo sosteniendo: que las técnicas son sólo concreciones *a posteriori* de la función general técnica del hombre. El técnico no tiene que esperar los azares y someterse a cifras evanescentes de probabilidad, sino que, en principio, está seguro de llegar a descubrimientos" (*Ibid.*, p. 87).

Nota Esta noción de las tecnologías que, a diferencia de las técnicas precientíficas, aparecen como derivadas de conocimientos científicos, ha sido analizada más reciente y extensamente por Luis Carlos martín Jiménez en su libro *Filosofía de la técnica y de la tecnología* (Pentalfa, Oviedo, 2018), en el que clasifica las tecnologías en mecánicas, térmicas, electromagnéticas y gráficas, a las que asocia respectivamente aparatos como las máquinas (grúas, poleas), los hornos (de cerámica, metalúrgicos, termonucleares), los aparatos ópticos y luminosos (aceleradores de partículas, televisores, cámaras fílmicas), y los sustentadores de grafos (las tablillas de barro, los papiros, el fonógrafo, el gramófono, los tubos catódicos). A su vez ofrece una explicación ontológico-genética, utilizando las ideas ontológicas de Gustavo Bueno de núcleo, esencia, cuerpo y curso para exponer el contenido y desarrollo histórico de cada uno de los cuatro tipos de tecnologías.

Naturaleza de la verdad científica

Kant estaba interesado especialmente en justificar la necesidad de los juicios científicos. Pero su planteamiento resulta hoy, en este punto, insuficiente por lo que debe ser prolongado con reflexiones más profundas sobre la naturaleza de las ciencias y del conocímiento científico. Se trata por tanto de explicar las condiciones de posibilidad en que descansa la necesidad de los juicios científicos, pero ahora en conexión con la tesis sobre el origen técnico de las ciencias y del origen principalmente manual de la racionalidad humana. El conocimiento científico obedece, en general, a las mismas leyes que cualquier tipo de conocimiento. Es decir, es el resultado de la interacción entre acciones u operaciones que juntan o separan objetos, conectándolos de diversas formas, con vistas a la asimilación y la acomodación de los sujetos vivos con el medio entorno del que dependen. Pero, según Piaget, toda ciencia es el resultado, a diferencia de la mera técnica, en la que predomina la acción de asimilación sobre la de acomodación, de la búsqueda de un equilibrio entre asimilación y acomodación. Existen dos situaciones límites en el conocimiento científico humano: aquella en que dicho equilibrio se alcanza en ciencias como las biológicas, derivadas de conocimientos técnicos previos como la caza, la recolección de frutos o la agricultura y ganadería, en las que la necesidad básica es la asimilación del alimento necesario para sobrevivir, lo cual les da el privilegio de ser las ciencias basadas en las necesidades más primarias y, por otra parte, otro tipo de ciencias o saberes simbólicos, lógicos y matemáticos, en los que la necesidad de la que derivan tiene que ver con el predominio de una conducta predominantemente acomodativa y mínimamente asimilativa, en el sentido de que se plantean casi siempre situaciones idealizadas o irreales. Una conducta necesaria para que se desarrollasen en principio los lenguajes simbólicos, los cuales, en su evolución, desde los puramente gestuales a los lenguajes alfabéticos, ponen las bases para el desarrollo de un pensamiento formal que permite el estudio y desarrollo de operaciones puramente abstractas y desligadas de las características meramente físicas de los objetos (peso, color, duración, etc.). Dichas ciencias, biológicas (La Botánica y la Zoología aristotélicas que culminan en Linneo) y simbólicas (la Geometría euclidiana y la Lógica aristotélica), son las más antiguas, en contra de lo que sostenían los positivistas clásicos, que seguían la famosa clasificación de las ciencias de Augusto Comte, -para quien las Matemáticas no eran propiamente una ciencia positiva sino un instrumento auxiliar de todas las ciencias-, influidos por el prestigio de las ciencias físicas en el comienzo de la modernidad. Pues las ciencias biológicas (al menos en algunas de sus ramas) y las formales fueron las primeras ciencias que influyeron e impulsaron la novedad filosófica desde Tales a Platón (Geometría) y Aristóteles (Lógica y Biología).

La Mecánica, la ciencia físico-matemática del Renacimiento, que se constituye como tal en la modernidad, es una ciencia que precisa de la coordinación entre algo subjetivo, la forma en que vemos el mundo físico, plagada de ilusiones ópticas y perceptuales, y algo objetivo, como los astros o los proyectiles, que está en el medio ambiente, pero que no se deja utilizar o asimilar tan fácil y naturalmente como los alimentos; además tales objetos cósmicos no despiertan el interés instintivo, como podemos comprobar cuando apuntamos con el dedo a la Luna y, para sorpresa nuestra, el perro mira con interés sólo hacia nuestra mano, quizás esperando algo de comer. Por ello, el interés matemático por los astros solo se despertó con renovado interés puramente físico justo en el momento en que se vio la posibilidad de establecer coordinaciones precisas y exactas entre figuras matemáticas, como la circunferencia y la elipse, y observaciones empíricas del movimiento de los astros o de los proyectiles. El predominio de tal platonismo matemático del Renacimiento sería contrarrestado, sin embargo, en la época contemporánea, por la profunda transformación que la Teoría de la Evolución decimonónica provocó en las ciencias biológicas. Pues desde dicho evolucionismo se alcanzó, con la Psicología evolutiva, la evidencia, empezada a ser vislumbrada, más en Fichte que en Kant, que acabó con la tradicional oposición entre platónicos racionalistas y aristotélicos empiristas, al poder demostrarse el origen genético-constructivo de las categorías lógico-matemáticas, en una solución intermedia que conjuga hábilmente dichas tradicionales posiciones extremas. El punto de vista de Kant de encontrar una correlación entre el sujeto y el objeto para explicar el conocimiento humano, que se había formulado bajo la influencia de la Psicología de Tetens, dejando atrás las posiciones unilaterales e insuficientes de racionalistas y empiristas, encuentra una solución positiva más profunda y plenamente operatoria con el apoyo de una nueva Psicología, con la Psicología evolutiva que está a la base de la Epistemología Genética de Piaget.

Por ello, en relación con las ciencias, nos interesa de Piaget precisamente la nueva clasificación que establece de ellas, corrigiendo la clasificación piramidal de Augusto Comte. En vez de una "pirámide de las ciencias" comtiana, cuya base serían las matemáticas, - las cuales no serían propiamente más que la base, según Augusto Comte, para el surgimiento de la primera verdadera ciencia, la Astronomía, y el vértice estaría ocupado por la última ciencia en aparecer, la Sociología-, Piaget, en "Clasificación de las disciplinas y conexiones interdiscipinarias" (J. Piaget, *Psicología y epistemología*, Ariel, Barcelona, 1971), distribuye las ciencias en un continuo circular, similar al círculo dialéctico fichteano Sujeto-Objeto, básico en todo conocimiento, que, traducido en términos evolutivos, quiere decir que el objeto no se conoce más que a través de las operaciones del sujeto a la vez que el sujeto únicamente se conoce a si mismo adaptándose al medio objetual:

"Así, el universo sólo es conocido por el hombre a través de la lógica y las matemáticas, producto de su espíritu, pero el hombre solamente puede comprender cómo ha construido las matemáticas y la lógica estudiándose a sí mismo psicológica y biológicamente, es decir, en función de todo el universo" (J. Piaget, *op.cit.*, p. 147. Pascal había expresado algo similar en su Pensamiento nº 348: "... por el espacio el universo me abarca y me absorbe como un punto, mientras que por el pensamiento yo le abarco a él").

Ciencias Formales y Biológicas configuran, en la clasificación piagetiana, dos extremos del continuo científico en tanto que las primeras tratan de reducir el objeto a las operaciones artificiosas e "idealistas" del sujeto, mientras que las ciencias biológicas y psicológicas incurren en la reducción inversa, es decir en la reducción de las operaciones de la subjetividad al "realismo" de la objetividad viva y positiva. Entre ambas posiciones extremas y simétricas aparecen, según Piaget, posiciones mixtas, como las representadas por las ciencias físico-químicas y las sociales. Ambas clases de ciencias pueden ser consideradas compartiendo la misma tendencia hacia una mezcla de realismo e idealización, pero en un sentido opuesto; pues la Física, aunque aplica las matemáticas para asimilar con exactitud lo real a las formas geométricas, encuentra una resistencia en los objetos, que tiene que vencer con experimentos, con pruebas empíricas, las cuales quedan incorporadas como parte necesaria y fundamental de dichas ciencias. La Sociología procede al revés, partiendo de un empirismo realista, menos "burdo" que el biológico, tratando de explicar positivamente las funciones sociales cada vez más complejas. Pero, en esta explicación, se encuentra también con la necesidad de recurrir a estructuras artificiosas como las estructuras matemático-estadísticas. Con ello a su vez, según Piaget, se cierra el círculo de las ciencias, pues se observa y comprueba cómo las estructuras madres de las matemáticas, compartidas tanto por las ciencias físicas como por las sociales, tienen su origen en las acciones y manipulaciones de los sujetos, a la vez que los sujetos no pueden entender la realidad que les rodea sin la ayuda de construcciones simbólicas tan artificiosas como las de la Lógica y las Matemáticas.

Dentro de dicha circularidad básica, las diversas ciencias se interrelacionan entre sí, según Piaget, de diversos modos. Las matemáticas mantienen con las ciencias físico-químicas una relación de correspondencia isomórfica, en el sentido de que el sistema deductivo de las operaciones formales se corresponde con el sistema "deductivo" de las operaciones materiales causales entre los términos u objetos físicos sometidos a investigación. Por otra parte, entre la Biología y las ciencias físico-químicas media un tipo diferente de relación, que se puede llamar una relación de interdependencia, por la cual un sistema fenomenológico causal puede reducirse a otro más general perteneciente al sistema físico-químico. La Psicología, a su vez, tendría un doble tipo de relación: por una parte, la conducta humana descansa en unas bases biológicas, lo que hace que el principio de la actividad inteligente en los niños descanse en los reflejos instintivos. Pero, a su vez, el propio pensamiento inteligente, cuando se desarrolla, mantiene una correspondencia biunívoca con el sistema físico-químico de la circutería neuronal, tal como muestran por ejemplo las investigaciones psico-lingüísticas de G. Lakoff & J. Johnson sobre la formación y el papel de las metáforas en el pensamiento humano. Asimismo, la Psicología mantiene una relación reductiva de doble sentido con la Lógica y las Matemáticas, que cierra el círculo de las ciencias en tanto que la propia Psicología evolutiva se ve obligada a recurrir en sus explicaciones a la utilización de modelos algebraicos como los "agrupamientos", "grupos" y "retículos", a la vez que pone de relieve la relación genética de dichas estructuras con las acciones y operaciones del sujeto conductual. En tal sentido, ninguna ciencia es superior a las otras, pues los procesos reductivos son bidireccionales. Todas las ciencias establecen conocimientos verdaderos. No obstante, puede haber notables diferencias en los modos o métodos de que pueden disponer las diferentes ciencias en la construcción de sus verdades, leyes o teoremas. En tal sentido tenemos que recurrir a otro tipo de análisis de las ciencias que se centre en las condiciones que hacen posibles la necesidad y universalidad de las verdades científicas en relación, no tanto ya con las condiciones generales del conocimiento humano, sino con las características metodológicas específicas, sumamente complejas y sofisticadas, que adopta en las diversas ciencias.

Se trata, por tanto, de analizar, además, la condición que caracteriza al conocimiento científico de ser el conocimiento verdadero e indudable por excelencia. Dicha condición, como sabemos por la explicación del conocimiento científico realizada por Gustavo Bueno en su *Teoría del Cierre Categorial* (Gustavo Bueno, *Teoría del Cierre Categorial*, 5 vols., Pentalfa Ediciones, Oviedo 1992-93), la alcanzan las ciencias denominadas "duras" o naturales, de un modo dialéctico: por la propia neutralización y, eventualmente, eliminación de las operaciones de partida en el proceso de establecer verdades necesarias y universales. Pues, Gustavo Bueno distingue dos procedimientos operatorios: un procedimiento (*beta-operatorio*) en el que, para establecer determinadas relaciones, no se eliminan las operaciones, el cual corresponde con el tipo más originario de conocimiento positivo, el llamado conocimiento proporcionado por las habilidades tecnológicas; y, por otra parte, un procedimiento (*alfa-operatorio*) en el que se eliminan las operaciones al establecer relaciones que, entonces, devienen necesarias al situarse por encima de nuestra voluntad. Dicho procedimiento es el que conviene al conocimiento científico más exacto. Es el nivel de conocimiento que se alcanza, de modo ontogenético, en el estadio de las operaciones formales de Piaget y, de modo filogenético, en el de la constitución histórica evolutiva de los conocimientos matemáticos. Por tanto, sin el desarrollo de las matemáticas es imposible la superación de la técninica pre-científica.

Entre ambos extremos, el de la técnica y el de la ciencia exacta, hay, según Gustavo Bueno, una amplia gama de situaciones intermedias que nos permiten introducir criterios clasificatorios de las distintas ciencias y saberes, aunque sin incurrir en una separación absoluta entre lo científico y lo técnico, pues ambos presuponen la misma raíz, la raíz operatoria manual. Por ello, suponemos en el análisis del conocimiento humano, predominantemente asimilativo en el inicio, y que tiende a buscar el equilibrio con el aumento de las acomodaciones matemáticas, una cota inicial mínima y otra final máxima. El conocimiento propiamente humano más sencillo, el que empieza a distinguir a la especie humana del resto de las especies animales, es, como vimos, el conocimiento técnico derivado del complejo operatorio transformacional manual. El más complejo y sofisticado es el conocimiento de las llamadas ciencias naturales y exactas, es decir de las ciencias altamente matematizadas en diverso grado. Entre ambos se da una gama de posibilidades intermedias que podemos ordenar.

Nos encontramos aquí con un problema semejante al que ya se planteó el pensamiento moderno desde Descartes a Fichte cuando buscaba explicar cómo se producen dos tipos distintos de representaciones en nuestra mente: aquellas que, como los soni--dos provenientes del mundo exterior, se nos imponen necesariamente, frente a aquellas otras representaciones mentales imaginarias, como por ejemplo un centauro, que podemos producir libremente. Desde el punto de vista de una filosofía positiva, no mentalista ni idealista, podemos hablar ahora, en vez de dos tipos de representaciones mentales, de dos tipos de situaciones vitales: aquellas situaciones denominadas por G. Bueno como situaciones *alfa-operatorias*, en las que, como ocurre en las matemáticas o en las ciencias naturales, las operaciones de los sujetos, al confluir, pueden ser eliminadas, construyendo estructuras de equilibrio por neutralización, para obtener relaciones enteramente objetivas entre los términos (números, electrones, etc.); y aquellas situaciones *beta-operatorias* en las cuales no cabe la eliminación de operaciones que nos llevarían a la obtención de relaciones enteramente objetivas y necesarias, porque ello comprometería la propia existencia de los términos relacionados que, como ocurre en las ciencias humanas y etológicas, al ser sujetos (consumidores, agentes sociales o históricos, chimpancés, etc.), la eliminación de sus operaciones, considerándolos como objetos inertes, comprometería gravemente el campo objeto de estudio. Gustavo Bueno ha ofrecido un análisis operatiológico muy rico de la diversidad de procedimientos científicos a partir de dos estados límite, los cuales a su vez pueden considerarse según procedimientos característicos, regresivos o progresivos, situaciones genéricas o específicas, lo que da lugar a una clasificación de las ciencias positivas según las metodologías u posibilidades de operar, que cubre un arco que va desde la cientificidad formal o natural hasta la simple praxis tecnológica. Una especie de territorio fronterizo que no se reduce a una mera línea de separación dualista como la establecida con las distinciones tradicionales de Ciencias Naturales/Ciencias Culturales, sino que abre un espacio fronterizo positivo lleno de complejidad y vida propia que precisa ser analizado en detalle. Lo que nos parece es que estos análisis piden más una concepción operatoria de la racionalidad que una concepción materialista pre-operatoria o terminal. Lo cual se manifiesta en el carácter fronterizo, dado *in medias res*, de dichos análisis, que pueden ser asumidos por una filosofía de la razón manual, entendida como razón vital o fronteriza, sin tener que cargar con los supuestos metafísicos antiguos que conlleva todo materialismo, por mucho que se le quiera adornar con las galas de la erudición científica más sofisticada.

Precisamente, el carácter fronterizo positivo de la clasificación de las ciencias que proporciona la distinción entre metodologías *beta* y *alfa*, queda resaltado por el aspecto dioscúrico que presentan las Ciencias Humanas y Etológicas, las cuales ocupan una posición híbrida, intermedia entre las ciencias físico-matemáticas y las tecnologías:

"los desarrollos de las metodologías *alfa* y *beta* operatorias, en tanto se entrecruzan constantemente entre sí, y se desbordan mutuamente, permiten definir a las ciencias humanas, globalmente, como ciencias que constan de un doble plano operatorio - *alfa, beta* - a diferencia de las ciencias naturales y formales, que se moverían sólo en un plano asimilable al plano *alfa*. Los procesos que tienen lugar en este doble plano operatorio culminan, en sus límites, en estados tales en los que las ciencias humanas o dejan de ser humanas, resolviéndose como ciencias naturales o formales (*alfa* 1) o dejan de ser ciencias resolviéndose en praxis o tecnología (*beta* 2). Pero, a estas situaciones límite no se llega siempre en todo momento. En todo caso, estas situaciones tampoco son estables. Más bien diríamos que las ciencias humanas se mantienen en una oscilación constante, y no casual, en ciertos estados de equilibrio inestable, en los cuales, como les ocurría a los Dioscuros, alguno tiene que apagarse para que la luz de otro se encienda" (G. Bueno, *¿Qué es la ciencia?*, Pentalfa, Oviedo, 1995, pgs. 87-88).

Dicha imagen doble de las Ciencias Humanas y Etológicas, por ser estas las que constituyen un "tema de nuestro tiempo", es lo que permite conectarlas con el "raciovitalismo" como "tema de nuestro tiempo" para Ortega, en el sentido en el que Ortega se encomendaba también a la imagen de los Dioscuros para expresar metafóricamente su posición filosófica, que trataba de abrirse paso dialécticamente entre el realismo y el idealismo. De ahí que dichos análisis puedan ser recogidos mucho mejor dentro de una filosofía de la razón manual, entendida como una razón media, fronteriza, que se abre camino entre dos estados límite, de la misma manera que en los análisis de Piaget las manipulaciones y coordinaciones de acciones presuponen dos acciones límite, el de las asimilaciones y acomodaciones, resultando el conocimiento inteligente, distinto del juego y de la imitación, cuando se alcanza una situación de equilibrio operatorio.

Ello nos lleva asimismo a rechazar la tesis buenista del "materialismo formalista" como explicación de la racionalidad matemática. Pues, la naturaleza de las matemáticas es de carácter fronterizo, como resulta de los enfoques piagetianos, al estar ligada, no tanto a los objetos físico-sensibles, ni a sus imágenes conceptuales, sino a la propia capacidad o habilidad operatoria cuando reflexiona sobre ella misma. El origen de las operaciones lógicas o matemáticas está ciertamente en la manipulación de objetos físicos, esto es, de la materia conformada. Pero al manejarlos, el sujeto no explora sus cualidades físicas, primarias (peso, extensión, masa, velocidad, etc.) o secundarias (color, sabor, etc.), sino que los utiliza como soporte con el que poner de manifiesto las propias habilidades operatorias del sujeto. Por ello, la Lógica se puede diferenciar de las Matemáticas, no ya tanto por la materialidad de los símbolos empleados (letras, manchas de tinta), sino porque en un caso las operaciones son auto-formantes y en el otro hetero-formantes, como el propio G. Bueno sostiene (G. Bueno, "Operaciones autoformantes y heteroformantes. Ensayo de un criterio de demarcación gnoseológica entre la Lógica formal y la Matemática", *El Basilisco* nº 7- 8, 1979). Lo que se explora aquí son la complejidad de las propias operaciones, y no los propios términos ni sus relaciones o coordinaciones físico-simbólicas.

De ahí el carácter trascendental que adquieren los conocimientos matemáticos, pues permiten explorar capacidades o habilidades operatorias de un modo que depende casi exclusivamente de la imaginación creativa, entendida como la habilidad, sino infinita, si inmensa de producir sistemas operativos, a los cuales muchas veces no se les ve la utilidad inmediata, pero que de repente, como, por ejemplo, ocurrió con el cálculo matricial, se ve la posibilidad en él de utilizarlo como sistema operativo para manejar las tablas Input-Output, en las que se recogen en filas y columnas los múltiples datos estadísticos de una economía nacional. Las matemáticas empiezan a ser trascendentales porque sus sistemas operativos se ven, en un momento determinado, como adecuados para manejar ciertos datos que antes no se sabía cómo transformarlos o relacionarlos, de tal manera que, a partir de entonces, acompañan a dicha ciencia de forma inseparable. Es por esto por lo que hay una tendencia a considerarlas como conocimientos meramente auxiliares de las otras ciencias, aunque a la vez, como hacía la clasificación piramidal del positivismo, sean considerados conocimientos básicos e imprescindibles para pisar el seguro camino de la ciencia. En cierto sentido se puede sostener que no se pueden poner en el mismo plano que las otras ciencias, pues constituyen el núcleo fundante que está en el origen de la propia cientificidad de las construcciones sistemáticas cerradas.

Como decía Kant de la Existencia de Dios, en el sentido de que esta no es un Predicado más que se pueda atribuir necesaria y lógicamente al Creador, sino que es la base o presupuesto de toda predicación, podemos decir que las Matemáticas, en cierto sentido, no son una ciencia más al lado de las otras, sino que son el soporte mismo de toda cientificidad, incluido el de la propia Lógica, que no se empezó a constituir plenamente en ciencia positiva, con aplicaciones tecnológicas tan importantes como la Inteligencia Artificial, hasta que no fue algebraizada por Boole, De Morgan, Frege, etc. Y este sentido de la transcendentalidad de las matemáticas se ha puesto de manifiesto, no precisamente en los tiempos de su constitución con los griegos, sino muy recientemente, en la segunda mitad del siglo XX, con la llamada matemática moderna, en la que se descubre la trascendencia de unas partes suyas (La Teoría de Conjuntos y la Teoría de las Estructuras Operatorias, o Álgebra moderna), sobre el resto. La propia Teoría del Cierre Categorial de G. Bueno es deudora del descubrimiento del significado profundo que estas estructuras cerradas desempeñan en la racionalidad científica, entendida ahora, no tanto como constituida por sistemas lineales deductivos al modo de la geometría euclidiana, sino al modo de una construcción de complejas totalidades o estructuras, en las que, dentro de unas estructuras básicas que siempre se repiten, se van introduciendo variaciones de modo complicativo, combinando tipos de operaciones diferentes, con los que se consiguen, a veces, establecer y anudar identidades científicas o leyes que resultan de cursos constructivos diferentes que van conectando racionalmente unas partes de la realidad con otras.

Dentro de las ciencias humanas, quizás la ciencia más problemática es la Historia en tanto que a veces se considera más un arte de interpretación (como hace, por ejemplo, Bertrand Russell) que una ciencia propiamente dicha. Por ello la Historia se sitúa en la frontera, no tanto de la ciencia con las técnicas, como era el caso de la Geometría en su origen a partir de la Agrimensura egipcia, como de la ciencia con las artes. Como señalamos, en el arte se rompe el equilibrio entre Asimilación y Acomodación por el predominio de esta última. Por ello, así como la ciencia de la Geometría está en el origen de la cientificidad en tanto que deriva de las técnicas de la agrimensura egipcia, la Historia cuya cientificidad es muy reciente y se presenta como la última de las ciencias humanas que trata de alcanzar la cientificidad, deriva, como señala Gustavo Bueno, ("Reliquias y relatos: construcción del concepto de <<Historia fenoménica>>", *El Basilisco*, nº 1, 1978) de las técnicas literarias retóricas o propagandísticas de las crónicas o relatos históricos. En tanto que el campo de la historia remite a un Pasado, que por definición es lo que ya no existe, solo cabe una débil asimilación de él a través de los restos que quedan de reliquias y relatos, de monumentos y documentos a los cuales es necesario continuamente acomodar las interpretaciones. Por ello la Historia se aproxima al Arte en tanto que en ella predomine la Acomodación sobre la Asimilación de un pasado ya desaparecido y lleno de enigmas difíciles o imposibles de resolver en muchos casos por la destrucción de monumentos o de documentos, sea por el fuego o por catástrofes naturales o por otras causas. Pero la Historia como ciencia trata de superar al relato mítico fruto de la imaginación al tratar de equilibrar las acomodaciones de los relatos o crónicas con los hechos históricos de las reliquias u otros relatos sometidos a la crítica racional. Para ello necesita desarrollar unas metodologías de investigación como las técnicas archivísticas de la Paleografía o los métodos prestados de otras ciencias como el carbono 14 de la Física atómica, el ADN de la Biología genética, las series estadísticas de los precios de la Economía, etc. Con ello trata de construir operatoriamente series de reliquias y relatos que le permitan obtener nuevas reliquias y relatos con la intención de cerrar una explicación racional de determinados acontecimientos históricos. Trata por ello de ser una ciencia como las demás ciencias, aunque con la diferencia esencial de que ella deriva de tecnologías artísticas más que de la técnica puramente utilitaria. Por ello en la Historia, en tanto que el pasado ya no existe y no se puede viajar a él por una máquina del tiempo, -como un físico, sin embargo, si puede viajar a la cara oculta de la Luna por medio de una nave espacial para verificar la teoría de que la Luna es redonda-, el hecho histórico no permite este tipo de experiencia por lo que precisa de unos procedimientos de investigación diferentes.

La búsqueda del equilibrio entre la teoría y los hechos, en el caso de la Historia fenoménica, llamada también Historia teatro o historia de las batallas, requiere procedimientos operatorios "teatrales" para reconstruir los hechos o eventos históricos, como cuando los historiadores los reconstruyen por medio de representaciones poblándolos de fantasmas o vistiendo a ciertos personas con disfraces o vestimenta propias de la época e identificándose con ellos en la Historia biográfica para mejor comprender sus acciones. La Historia se presenta también, ciertamente, como Historia Teórica o Historia esencial, que trata de investigar estructuras o leyes de ciclos largos que ya no sería propiamente asuntos de operaciones individuales, como cuando se dice que Cesar pasó el Rubicón, sino que son Leyes resultantes que se imponen por encima de la voluntad de los individuos, tal como señala Marx en su Materialismo Histórico. Sin embargo, tras el fracaso de la cientificidad del marxismo en sus predicciones históricas, se vuelve cada vez más a la centralidad de la Historia fenoménica que trata de explicar la lógica de las acciones u operaciones de los sujetos históricos en relación con los principios de la estrategia o de la teoría de juegos, por ejemplo, como en el análisis de las grandes batallas.

En tal sentido, de la misma manera que la técnica humana supone la mano y es posibilitada por el pulgar oponible en relación con otras características que nos diferencian de las manos de nuestros predecesores evolutivos los simios (Ver Frank Wilson, *La mano*, Tusquets, Barcelona, 2002), el arte asimismo presupone la mano, no solo en las artes plásticas más próximas a las operaciones manuales, como la pintura, la escultura, la arquitectura o la música instrumental, sino también en las llamadas artes literarias. Y no solo en tanto en cuanto estas se desarrollan por medio de la escritura manual, sino también en tanto que los lenguajes orales mismos presuponen a su vez, en su origen evolutivo, el lenguaje gestual, para cuyo desarrollo sintáctico y semántico la gestualidad manual parece haber siendo esencial.

La Historia como ciencia humana presupone por tanto las bellas artes, a diferencia de las otras ciencias que remiten a puras técnicas utilitarias. Pero la técnica no es una actividad propiamente humana, pues hoy sabemos que también existe en animales como los castores o los chimpancés. Podríamos decir lo mismo del arte bello. Lo que nos diferencia de los animales no es tanto la técnica en si cuanto su institucionalización en un complejo transformacional manual por la producción de normas necesarias, por ejemplo, para el tallado más eficiente de un hacha de sílex. Dichas normas requieren de instituciones educativas permanentes para su transmisión al grupo además de su ulterior corporeización en industrias líticas, cerámicas, fraguas y forjas, etc. De la misma manera, lo que nos diferencia de la belleza natural que existe en el mundo animal sería el establecimiento institucionalizado de las normas que deben regir el buen gusto. Dichas normas requieren de la tecnología lingüística para producir gestos y sonidos con significaciones que puedan ser reguladas según normas, de la misma manera que se racionalizaron normativamente las operaciones técnicas. Pues, como supone Piaget, son las normas surgidas del establecimiento de los agrupamientos operatorios con los que los niños construyen el objeto permanente, la espacialidad, la temporalidad y la causalidad en el estadio sensorio-motriz, las que sirven de guía para organizar los gestos y los sonidos producidos por las acciones musculares de la glotis, según secuencias significativas. El lenguaje doblemente articulado permitirá relatos sobre acontecimientos pasados que podrán trasmitirse de generación en generación aumentando considerablemente los mecanismos instintivos de supervivencia de la especie al añadirles la posibilidad de una extensión de la memoria puramente individual con experiencias del pasado de otras generaciones. La aparición posterior de un lenguaje escrito posibilitará un salto cualitativo al conseguir objetivar dichos relatos memorísticos de la tradición en relatos escritos, que escapan ya enteramente a la deformación subjetiva por fallos de la memoria del relator que los transmite o porque trate de deformarlos según conveniencias circunstanciales o propias de toda transmisión de noticias. Con ello se pasa de una cultura meramente antropológica a una cultura estrictamente histórica, por la cual cada generación, por ejemplo, puede volver a escuchar las palabras de Platón tal como las escucharon sus contemporáneos. Por ello Hegel mantiene que la Historia comienza propiamente con la aparición del Estado basado en leyes escritas. Las sociedades ágrafas pre-estatales no tienen propiamente Historia. Es en tal sentido que se puede entender asimismo la famosa afirmación de Ortega, en *Historia como Sistema*, de que "el hombre no tiene naturaleza, lo que tiene es historia".

Tres Dimensiones de la Realidad

Una vez desarrollada una Gnoseológia Operatiológica, que nos señala positivamente el alcance y los límites de nuestro conocimiento y habilidad de controlar la realidad, podemos pasar a la consideración de la naturaleza de dicha realidad, considerada en tanto que realidad. Se trata de responder a la tradicional pregunta filosófica por el Ser, por lo que hay. Pero, podemos responderla ahora de modo constructivo-deductivo, partiendo de la estructura sintáctica más básica que hemos establecido al analizar operatiológicamente el conocimiento humano. Así diremos que si en el análisis sintáctico del conocimiento, en el que alcanzamos el conocimiento verdadero suministrado por la sintaxis lógico-transformacional, establecimos tres componentes básicos (términos, operaciones y relaciones), podemos derivar de dicha estructura básica tres tipos de entidades reales: las entidades terminales, las operacionales y las relacionales. Con ello seguimos la "deducción" hecha por Gustavo Bueno, como vimos más arriba. Pero ya el propio Kant había hecho algo similar al "deducir" en la Dialéctica Trascendental de la *Crítica de la razón pura*, la tres Ideas ontológicas de Alma, Mundo y Dios. Kant recurre por un lado a un procedimiento similar al utilizado en la "deducción de las Categorías" tomando como hilo conductor en este caso a los tres tipos de silogismos: categórico (Alma), hipotético (Mundo) y disyuntivo (Dios). Se ha considerado una "deducción" discutible y arbitraria. Pero Kant da, acto seguido, (A334, B391) otra "deducción" basada en la oposición epistemológica entre Sujeto/Objeto del conocimiento en relación con la formación de las representaciones cognoscitivas, distinguiendo el sujeto (Alma) de los objetos fenoménicos (Mundo) y de los objetos del pensamiento en general (Dios). Pero si suponemos que el fundamento del conocimiento racional humano no es ya el sujeto consciente al que se opone el objeto, sino que es la actividad operatoria manual, entendida como un complejo técnico transformacional, entonces debemos hablar, como hace Bueno, de sus tres componentes: *términos, operaciones y relaciones*. De ahí se "deducen", según Bueno, tres tipos de entidades ontológicas o Géneros de Materialidad

La pregunta por dichos tipos de kantianas Ideas trascendentales, por lo más general que hay o existe en el mundo se corresponde, tradicionalmente, con lo que se llamó la pregunta ontológica, la pregunta por el Ser y por los distintos tipos de entidades existentes. La Ontología, en su forma más precisa y sistemáticamente desarrollada con el nombre de Metafísica, se inserta en una larga tradición que se remonta a Aristóteles, continuada en la Escolástica medieval y que acabó tomando una forma compacta y sistemática en los denominados *Cursus philosophicus* desarrollados al comienzo de la modernidad por influencia principalmente de la neo-escolástica española de Francisco Suarez. Es en el filósofo alemán Christian Wolff donde, por influencia de Leibniz, tras recoger esta tradición de la escolástica católica española, procedente ya de la Edad Media de autores como Gundisalvo (*De divisione philosophiae*), acaba cristalizando una Metafísica entendida como Ontología, dividida en dos partes, una General, que trataba del Ser en cuanto ser, y otra Especial que trataba de tres tipos de entes, el Mundo físico, el Alma humana y Dios, los cuales eran las tres Substancias cartesianas en las que se resumía modernamente todo lo que hay. Todavía Kant recogerá esta Metafísica wolffiana, aunque trata de deducirla, como vimos, de su nueva teoría del conocimiento recuperando el Mundo, el Alma y Dios como Ideales regulativos y no ya como Ideas Metafísicas sustantivas.

Aquí partimos de una Antropología evolutiva, corpóreo-operacional, que entiende al Sujeto operatorio, no ya como una Conciencia nouménica, tal como todavía hacía Kant, sino como un ser vivo inextricablemente unido a un medio físico, cuyas interacciones con el medio vienen recogida en la dimensión operatio-lógica, entendida como una suerte, no ya de Lógica formal aristo-télica, ni de una Lógica de Categorías puramente abstractas hegeliana, sino de una positivamente corpórea Operatiología Transcendental. Entendiendo así tal estructura básica de la Operatiología, podemos emprender ahora la consideración de la realidad desde su disposición objetual básica. Así podemos establecer deductivamente, como vimos, tres tipos de objetos o entidades: las entidades propiamente terminales (átomos físicos, moléculas, etc.), las entidades operatorias (células, organismos vivos, etc.) y las entidades relacionales (números, figuras geométricas, infinitésimos, conjuntos, etc.).

En esta interpretación podemos recoger otras aportaciones contemporáneas, como la Teoría de los Tres reinos de Simmel, la de los Tres Mundos de Popper, o la de los Tres Géneros de Materialidad de Gustavo Bueno (Ver G. Bueno, *Ensayos materialistas*, Taurus, Madrid, 1972, cap. VI).

Hoy, desde la posición propia que denominamos Pensamiento Hábil o Filosofía de las Manos, no podemos aceptar, sin embargo, que los tres tipos de entidades o Géneros que establece Gustavo Bueno se entiendan exclusivamente como materialidades. Pues un átomo, además de constar de una materia energética, por tanto, no-corpórea (lo que no quiere decir inmaterial o enteramente incorpórea, pues los átomos tienen una doble naturaleza ondulatoria-corpuscular) consta de una forma o configuración propia. Incluso se les puede atribuir el carácter de dador de forma de un modo indirecto, cuando por la colisión necesaria entre partículas, resultan nuevas partículas, con configuraciones y propiedades distintas. Una célula consta, además de una materia y de una forma, de un dador de formas, que es lo que caracteriza principalmente a los objetos vivientes frente a los no-vivientes, aunque la frontera entre ellos no sea enteramente clara. Un símbolo matemático no tiene vida propia, y en esto se asemeja a los objetos físicos, pero su forma no es natural, sino artificial, producto de la acción humana. Piaget señalaba ya este carácter constructivista de estructuras matemáticas como los números. Por ello la aparición de nuevas formas de numeración es, también, no consecuencia del descubrimiento platónico de un mundo ideal ya preexistente, sino resultado de la combinación por el matemático de estructuras operatorias diferentes. Por ello la resolución del atasco que produjo el choque del descubrimiento de los números irracionales en la escuela pitagórica no acabó en una deriva puramente caótica, como ocurre en los procesos físicos de choque, sino que se superó dicha crisis inventando nuevas estructuras operatorias de números imaginarios, etc. Por ello la diferencia entre los tres tipos de entidades, en los que se encuentra una especie de repetición fractal de la misma estructura, reside en el peso relativamente mayor de una u otra de las características básicas. No es necesario, entonces, apelar a la sustancialización de una (monismo) o dos de ellas (dualismo) para obtener la tercera. Pues son resultado de un análisis dimensional dialéctico que precisa de un mínimo de tres momentos para constituirse.

Por otro lado, creemos que como mejor se constituye una filosofía que entienda la racionalidad humana como resultado de la racionalidad manual es como una profundización en la concepción orteguiana de la Razón vital. La Vida desempeña en dicha filosofía el mismo papel que el Ser desempeñaba en la tradición griega. La Vida como *realidad radical* es la nueva respuesta a la pregunta por el Ser que debe ofrecer, según Ortega, la filosofía europea post-idealista. Es la tercera respuesta desde un punto de vista histórico-filosófico. La primera fue el materialismo y la segunda el idealismo. Pero lo esencial de la vida humana es ser un ser ejecutivo, un sujeto operatorio:

"Yo no soy una sustancia, no soy ni siquiera un acto, soy la *ejecución* de mi acto" (Ortega y Gasset, *¿Qué es conocimiento?*, Revista de Occidente en Alianza Editorial, Madrid, 1984, p. 55).

Lo cual sólo se entiende, según Ortega, cuando se ha comprendido la vida en su génesis, cuando se tiene de ella una visión genética (J. Ortega y Gasset, *Ibid*, p. 102). Dicha visión genética se ha desarrollado positiva y científicamente, después de Ortega, en la Psicología Genética y en la Paleoantropología evolucionista especialmente. Con ella descubrimos que la forma esencial de la ejecutividad u operatoriedad humana está ligada a la habilidad manual. La Razón manual, como ya dijimos, entendida como uno de los temas más sorprendentes y asombrosos de nuestro tiempo, y no tanto del de Ortega, -aunque Ortega pudo ya tener alguna influencia de Jean Piaget (Ver mi artículo "Ortega lector de Piaget", en Manuel F. Lorenzo, *Pensar con las manos*, Lulu, 2017, pgs. 157-161), puede, no obstante, erigirse en un potente hilo conductor que nos ayude al desarrollo y despliegue de esa filosofía de la Razón Vital enunciada con gran visión y profundidad histórica por Ortega. La Razón manual es el zapato de nueva horma, resultado del avance de los descubrimientos científicos de las denominadas Ciencias Cognitivas, que nos permite a nosotros pisar y desplazarnos por ese nuevo territorio anunciado, no ya por la razón crítica kantiana, -crítica certera de la racionalidad pura o metafísica, pero todavía negativa y abstracta-, sino por la razón vital, positiva y concreta. La Vida, en la sistematización que nos permite introducir en la filosofía la Razón manual, cumple el papel que el Ser material o la Sustancia espiritual desempeñaban en la filosofía griega o en la europea, respectivamente.

La consideración de la Vida como realidad radical, como nuevo absoluto perspectivístico Ontológico general, que hacía Ortega, en la que nos apoyamos y reconocemos como la dirección más creativa y consecuente entre las corrientes que se proponen en la filosofía contemporánea la superación del Idealismo moderno, no cubre sin embargo el campo de una Ontología especial, que debe pronunciarse claramente sobre las distintas entidades que hay. Lo que no se puede es establecer las entidades que hay de una forma rapsódica o empírica, como cuando se dice hay piedras, animales, plantas, etc. Se trata de dar una respuesta filosófico trascendental, esto es, que se apoye en las condiciones de posibilidad que permiten decir lo que hay, apoyándose en fundamentaciones positivas últimas. Partiendo de fundamentaciones teológico-religiosas y racionalizándolas al máximo, Descartes redujo todo lo que hay a tres tipos de entidades sustanciales: Dios, la *res extensa* y la *res cogitans*. En ello se basó Christian Wolff para establecer una Ontología o Metafísica moderna, de carácter ternario, en la que el Ser, o realidad Ontológico general, se concretaba en tres entidades, Dios, Cosmos y Alma. Gustavo Bueno propone una Ontología ternaria que reinterpreta la wolffiana en clave materialista. Es una solución que, como ya señalamos, plantea el problema de regresar a una posición filosófica pre-crítica como es el materialismo, por mucho que se lo quiera *agiornar*, y que rezuma un fuerte regusto de nueva solución dogmática, aunque se presente como crítica respecto a los tradicionales materialismos corporeístas griegos, los mecanicistas franceses o los dialéctico-monistas soviéticos

Es cierto que Kant mismo, después de criticar la Ontología wolffiana, no ofreció ninguna nueva. Pero, sí la ofrecieron sus sucesores, en especial Fichte. Pues el origen de la nueva ontología idealista, según la cual la realidad se reparte entre la Naturaleza, el Espíritu y la Idea, está en el análisis último del acto más simple del conocimiento humano. Esto es así porque, de los profundos y revolucionarios análisis de Kant se desprendía que la vieja fundamentación religioso-teológica debía abandonarse, pues sus supuestos rebasaban los límites de la experiencia humana, actual o posible. Las que se estableciesen en adelante debían cumplir el postulado criticista de que sólo se puede decir razonablemente lo que hay en relación con la propia estructura cognoscitiva humana. Es a partir de dicha estructura cognoscitiva, dada en su situación más básica y sencilla, el "¿qué ven cuando miran a la pared ?" que planteaba Fichte a sus alumnos, a partir de cuyo análisis se extraen tres componentes y ni uno más ni uno menos: el yo (1) que percibe una pared, denominada no-yo (2), -pues, siguiendo a Kant no podemos saber lo que es en si misma-, y por último el yo (3) que aparece al recordar o reflexionar sobre dicho acto, y que Fichte identifica con el Yo trascendental kantiano. Schelling y Hegel identificarán a dicho Yo trascendental con el equivalente del *Deus sive Substantia* de Espinosa, con lo que transformaron la ontología tradicional, pues Dios será no un ser personal teológico-religioso, sino el propio orden relacional interno al mundo en su despliegue evolutivo, la Idea impersonal que relaciona Naturaleza y Espíritu.

Se puede criticar hoy la fundamentación fichteana por idealista e incluso por pre-científica, en tanto que se basa en una psicología introspectiva. Pero lo que no se debe hacer es volver a la ontología pre-kantiana de Wolff. Hay otra vía, que es la que vamos a seguir aquí, para superar el acientifismo y el idealismo mentalista fichteano. Partiendo de los supuestos racio-vitalistas de Ortega en su crítica al idealismo fenomenológico y, por extensión, a todo idealismo, podemos considerar que las raíces últimas del conocimiento humano no residen en la conciencia, ni tampoco en la materia, sino en una realidad intermedia, en la actividad biológica propia del organismo humano, el cual no es más que un animal evolucionado. Por ello la fundamentación ontológica debe tener un carácter pre-reflexivo. Heidegger había abierto la consideración antropológica de ese estado pre-reflexivo del sujeto humano descubriendo que, previamente al conocimiento mentalista que implica la contemplación de lo que está a la vista (*Vorhanden*), del mirar a la pared fichteano, está la ocupación pre-reflexiva de lo que está a la mano (*Zuhanden*), de los útiles y su manejo en nuestra relación con el mundo entorno. Los ricos análisis heideggerianos eran sin embargo demasiado abstractos e intemporales. Análisis más concretos, siguiendo procedimientos científico-positivos, son los llevados a cabo por la Psicología Genética de Piaget dentro del supuesto de un origen biológico del conocimiento. En dichos análisis se llega a establecer una estructura básica del conocimiento, común al preconsciente o pre-lingüístico y al consciente o reflexivo, que considera, en el análisis de las actividades más elementales, la necesidad de distinguir tres aspectos: las *operaciones* del sujeto, los *términos* u objetos a que se aplican, y las *relaciones* que el sujeto establece entre dichos términos. Por ello el acto más simple, no ya del conocimiento reflexivo-consciente, como era el caso de Fichte, sino de la inteligencia humana incluso en sus estados pre-conscientes, aunque no meramente instintivos, no se entiende como un mero compuesto dualista de sujeto y objetos, sino que es necesario considerar las relaciones objetivas o estructuras cognitivas que el sujeto establece entre los objetos que manipula en el nuevo contexto de un complejo técnológico transformacional.

Ya Fichte, apoyándose en Kant, había introducido un análisis ternario de lo que consideraba el acto más simple u originario del conocimiento humano, pero mixtificó las relaciones, entendiéndolas como fruto de un Yo trascendental, distinto del sujeto empírico y del No-yo u objeto igualmente empírico. Lo cual abrió el camino al entendimiento de dicho sujeto trascendental, en Schelling y en Hegel, como el Dios panteísta spinoziano, aunque visto ahora, no ya como Substancia transcendente, sino como Relación de Identidad inmanente al propio Mundo, en cuanto constitutiva de su propio orden interno. Desde la nueva posición que nos suministra Piaget, en tanto que admite que la trascendentabilidad es una conquista kantiana a la que no podemos renunciar si no queremos recaer en posiciones metafísicas en la explicación del conocimiento, y puesto que dicho punto de vista trascendental puede ser entendido no ya *a priori* sino *a posteriori*, como sostiene Gustavo Bueno, podemos centrarnos en las estructuras operatorias necesarias y universales a todos los individuos humanos que, producidas por los propios sujetos humanos empíricos, se apoyan y descansan en los propios objetos físicos y las relaciones que se pueden establecer entre ellos. Por tanto, el Sujeto trascendental es ahora el propio sujeto corpóreo-operatorio humano, en tanto que *datur formarun*, es decir en tanto que dotado de la capacidad o habilidad autorreguladora de establecer lazos o relaciones entre los objetos. En tal sentido hemos utilizado en otro lugar (Vease Manuel F. Lorenzo, *Introducción al Pensamiento Hábil*, Lulu, Morrisville, North Carolina, 2007, pp. 95 s.s.) dicha distinción ternaria piagetiana para diferenciar tres tipos de fundamentación de la filosofía dados efectivamente en su largo curso histórico. Podemos utilizar dicha distinción asimismo para analizar los tipos de entidades u objetos que hay, que es de lo que tradicionalmente trata la Ontología.

Como señalamos más arriba, el propio Gustavo Bueno se dio cuenta de que debía deducir los Tres Géneros de materialidad de la Ontología especial y así lo hizo en su escrito *Materia* (Gustavo Bueno, *Materia*, Pentalfa, Oviedo, 1990, pp. 30-31). Según ello podemos sostener que de los tres componentes o momentos del "complejo tecnológico transformacional", términos, operaciones y relaciones, implican la existencia de tres niveles, dimensionales o géneros de la realidad ontológica. En tal sentido, podemos decir que lo que podemos conocer se reduce a tres tipos de entidades: entidades terminales, entidades operacionales y entidades relacionales. Pero creemos que dicha afirmación debe ser fundamentada filosóficamente en el sentido de que, en la ontología clásica, cuando se establecían los distintos tipos de seres o entidades, se hacía en relación con un Ser en general del cual los entes o seres particulares resultantes eran especificaciones por participación analógica, etc. Por ello, nos es necesario aquí remitirnos a lo que debe ocupar ahora el lugar tradicionalmente asignado al Ser.

En la tradición prekantiana, el Ser era entendido como una Substancia (el materialismo o realismo griego) o como una Causa (la escolástica medieval cristiana, que se continúa, secularizada, en el Yo Trascendental kantiano). Pero, para nosotros, que nos apoyamos en este punto esencial en Ortega, el Ser, entendido como la Vida, es una actividad que se manifiesta en la relación recíproca de Co-existencia entre el hombre y el mundo. Dicha Idea de Vida como Ser radical se obtiene tras un *regressus* trascendental, en el sentido de Platón, el cual nos debe proporcionar el *esquema* que nos permita organizar la realidad en nuestra vuelta al mundo (*progressus*). Pero dicho regreso no puede ser absoluto, como se pensó en la filosofía pre-kantiana, cuando se obtenía como resultado un Ser, el agua de Tales, el fuego de Heráclito, etc., lo que podemos denominar como una Materia ontológico general, a partir de la cual debemos poder reconstruir el mundo. Apoyándonos hoy en conocimientos que nos proporcionan las ciencias, podemos regresar categorialmente hasta unas entidades últimas, los átomos, los paquetes de ondas, etc., que sin embargo tienen un problema a la hora de considerarlas límites transcendentales (Ideas filosóficas) y no meramente categoriales (Conceptos científicos), pues a partir de ellas no podemos reconstruir enteramente la vida biológica, ni menos la vida humana que permanecen irreductibles a tales entidades.

La única realidad límite a la cual podemos regresar, y desde ella podemos progresar para reconstruir el mundo fenoménico en su totalidad antrópica, es la Vida, entendida orteguianamente como una relación recíproca, una coexistencia de un sujeto y un objeto, de un yo y unas circunstancias, de un sujeto operatorio y unos términos relacionados por él. No podemos regresar meramente a la Materia física, porque la propia ciencia contemporánea es incapaz de reconstruir positivamente (el famoso problema del origen de la vida) el paso racional-positivo de la Materia a la Vida. Sin embargo, esa misma ciencia positiva, supuesta ya dada la vida en relación con un medio material (dialelo ontológico), sí es capaz de explicar y resolver problemas como el origen de la conciencia, del lenguaje, de la cultura humana. No podemos reconstruir el origen de la vida en el laboratorio. A todo lo más se ha conseguido reconstruir algunas partes materiales de la vida (aminoácidos) como en el conocido experimento de Miller en 1953:

"La idea de Miller es simple: tomar en un frasco de laboratorio una imitación de la atmósfera primitiva, tanto en composición como en radiaciones energéticas. En su caso, esto consiste en hacer pasar una descarga eléctrica por una mezcla de amoníaco, metano, hidrógeno y vapor de agua. Los resultados de las transformaciones moleculares se recogen mediante la circulación del agua, y el análisis de las sustancias que quedan allí disueltas. Para la sorpresa de toda la comunidad científica, Miller obtuvo la abundante producción de moléculas típicamente halladas en organismos celulares modernos, tales como los aminoácidos alanina, ácido aspártico y otras moléculas orgánicas como la urea y el ácido succínico" (H. Maturana y F. J. Varela, *El arbol del conocimiento. Las bases biológicas del conocimiento humano*, Editorial Debate, Madrid, 1990, p. 37).

Pero de ahí a reconstruir la capacidad celular de moverse por sí misma, etc., hay un salto infranqueable. Lo que se consigue reconstruir a través de las ciencias físico-químicas, que parten ya ellas mismas de suponer un dialelo ontológico, es uno de los componentes del problema, el medio que es necesario para el desarrollo de toda vida: la formación física de la Tierra o del Sistema Solar. Por ello otras hipótesis científicas apuntan a la llegada externa de la vida a través de meteoritos, etc. Lo que podemos decir desde planteamientos lógico-filosóficos es que el problema del origen de la vida no tiene solución, ni actual ni posible, pues supone un dialelo irresoluble. Pretender solucionarlo es como pretender salir de un pantano como el barón de Münchhausen, tirándose de los propios cabellos. Podemos resolver problemas como el origen del lenguaje, de la inteligencia humana, del Estado, etc., pues podemos acceder a documentos o situaciones presentes (la infancia) que nos permiten observar cómo se producen dichos acontecimientos. Pero no podemos resolver problemas como el origen del universo, o de la vida, pues en tanto que seres vivos no podemos ir más allá de la vida sin incurrir en una suerte de dialelo. Cuando nos representamos la situación de la Tierra antes de la existencia de vida y observamos aquel paisaje, en el fondo dicho paisaje es una reconstrucción que presupone la ciencia, la cual ciencia misma ha sido a su vez un producto de la evolución de la vida humana, por lo que no podemos salir realmente de la vida. Todavía se podía admitir que la vida no estaba allí por que pudo venir de otra parte. Pero si nos tratamos de representar el origen del universo con todas sus nebulosas y galaxias, por definición ya no cabe que haya otras partes, por lo que el absurdo resulta aquí más patente, y la racionalidad choca con límites infranqueables. Se encuentra la razón desfondada, o como decía el viejo Schelling, sin fundamento (*Ungrund*). Es preciso, por tanto, detener dichas consecuencias que pueden conducir al irracionalismo, en tanto que a partir de tal estado físico-químico es imposible reconstruir positiva y racionalmente la vida humana. Todos los intentos que se han hecho, para regresar de una situación tal, utilizan metáforas o mitos (emergentismo, emanacionismo, creación de la nada). Sólo si aceptamos como firmes estos límites o fronteras que nos plantea la situación de que partimos al iniciar el *regressus*, sólo si admitimos una suerte de dialelo, podemos reconstruir racionalmente, en el consecuente *progressus*, el mundo. Por ello el límite inmediatamente anterior al momento en que la racionalidad positiva humana comienza a disolverse es la Idea de la Vida animal, tal como la percibieron sus primeros propugnadores modernos, Schopenhauer, Nietzsche, Bergson, etc.

Dicha Idea de la Vida no la entienden, como hacían los positivistas o materialistas de su tiempo, fingiendo, por extrapolación o metáfora, su obtención a partir de una situación originariamente sustantivada (la Materia originaria, el Plasma germinal), sino como surgiendo *in medias res* en la propia constitución corporal humana, como la clave que explica el mundo de la conciencia, pero que a la vez no se reduce a mera materia inanimada. Una Idea que inmediatamente se contraponía al resto del mundo vivo en cuanto distribuido en especies de morfologías y costumbres muy diferentes de la propia humana, que también se contemplaba en estado evolutivo (al Hombre debe suceder el Superhombre), y con las que había que considerar una nueva forma de relación (el recurso de Schopenhauer al budismo para oponerlo en este punto a las religiones del Libro).

La Idea de Vida se nos presenta entonces, no ya como una Idea crítica en el sentido de la Cosa en sí o *noumeno* kantiano, sino como una Idea fronteriza, en el sentido de EugenioTrías, esto es como realidad limítrofe dada *in medias res*, entre Materia y Conciencia. La Vida es la frontera que no podemos traspasar en nuestro *regressus* filosófico si no queremos incurrir en un dialelo. En tanto que Idea fronteriza contiene la estructura última de la realidad que nos es dado alcanzar por nuestra escala corpórea, si no queremos fracasar en nuestro regreso. En dicha Idea hallamos el esquema que nos ofrece, no tanto la posible estructura del mundo, sino la estructura composible con el mundo dado a nuestra escala humana, sin incurrir en dialelo o petición de principio. Dicho esquema no es otro que el que nos presenta la vida como una actividad *operacional* de un sujeto u organismo que establece *relaciones* entre *términos*.

Dicho esquema de la Vida se obtiene regresando, positivamente, a través de diversas categorías científicas. Así la Psicología Genética lo obtiene cuando regresa al origen de la inteligencia humana, observando positivamente su desarrollo en la infancia (ontogénesis). La Antropología evolucionista, auxiliada por otras ciencias como la Neurología, la Anatomía comparada o la Psicología cognitiva, descubre (filogénesis) en el origen de la humanidad a un homínido que, operando con unas manos muy evolucionadas, con respecto a otros animales evolutivamente cercanos (simios), manipula y construye instrumentos, creando una nueva serie de relaciones con ellos que precisan y a la vez impulsan un gran crecimiento de la capacidad cerebral para fijar y automatizar tales nuevas relaciones. Tanto las manipulaciones infantiles como las manipulaciones con instrumentos técnicos han sido juzgadas retrospectivamente, -visto el curso *a posteriori* que toma tanto la inteligencia individual como la superioridad de la especie humana en la lucha por la vida frente a otras especies animales-, como trascendentales, en el sentido de que en ellas está de modo constitutivo el origen del inmenso progreso y ventajas adquiridas. En tal sentido les atribuimos un carácter trascendental, en el significado que tiene dicho término en español como algo que nos sigue afectando, como cuando se dice que una afrenta muy grave afecta, o es trascendental, a una familia durante varias generaciones.

Dicha estructura trascendental, que atribuimos a la Vida humana, resulta por identidad en la confluencia de tales cursos reconstructivos regresivos. Por ello el *progressus*, desde la Idea de la Vida así entendida, debe realizarse de un modo consonante con el *regressus* así establecido, entendiendo la realidad como participando, al modo de una repetición *fractal,* de dicho esquema. Con ello podemos entender la vida así racionalizada como esquema ontológico, como determinación de los tipos de entes que hay. Resultará así que el mundo se reparte en entidades operacionales, terminales y relacionales. La Idea de Vida así vista, no es ya una Idea metafísica como lo era la Idea de Voluntad de Schopenhauer, ni irracional como era la Vida para Dilthey, sino que, entendida, a lo Ortega, como racionalidad vital, contiene la estructura o esquema de la misma razón fronteriza que se manifiesta mediante un *regressus* positivo en la Razón manual. Regresivamente se alcanzan, a través de métodos y procedimientos positivos, situaciones vitales a partir de las cuales se reconstruyen las situaciones de partida, en una suerte de circularidad positiva de la que no se puede salir, pero que es la única forma de profundizar en nuestro control sobre la realidad en la que coexistimos.

Dicho esquema trascendental, al referirlo a entidades u objetos, adquiere una dimensión semántica en la que los términos son entendidos como las objetividades físicas por antonomasia, las operaciones como objetividades fenoménicas y las relaciones como objetividades esenciales. Con ello se nos abre la consideración especial de cada una de las clases de entidades, incorporando los contenidos de conocimiento de que disponemos. Así las entidades físicas o terminales se nos ofrecen hoy bajo la compleja consideración que han alcanzado las ciencias físico-químicas. La entidades orgánicas u operantes caen también hoy bajo la consideración, muy avanzada y compleja, con espectaculares resultados que se anuncian con el Proyecto Genoma, con el cual las ciencias biológicas empiezan a alcanzar a finales del siglo XX un prestigio e importancia social similar al que alcanzaron las ciencias físico-químicas al final del siglo XIX y que aún conservan, e incluso incrementan. Y las entidades simbólicas o relacionales empiezan, precisamente en el siglo XX, a ser consideradas, desde una perspectiva de conjunto, denominada Semiología, en la que se integra el estudio de los lenguajes y códigos de la llamada Teoría de la Información, y de la Cibernética, desde los no verbales a los puramente formalizados, pasando por los lenguajes nacionales. Pero estas últimas ciencias todavía están en sus comienzos, aunque sus resultados ya ofrecen unas aplicaciones tecnológicas tan impresionantes como los de las ciencias naturales, manifestados en el desarrollo espectacular de las últimas décadas de Internet, la robótica y los iPhone.

Las realidades orgánico biológicas habían sido claramente distinguidas por Kant, en la segunda parte de su *Crítica del Juicio*, de las puramente físicas o mecánicas. Las realidades biológicas, como un árbol o un reno, constituyen, según Kant, totalidades que se diferencian de las totalidades mecánicas (un reloj) en que las partes tienen la capacidad de generar el todo y recíprocamente. Dicha capacidad de autogeneración hace que unas y otras sean irreductibles. Lo que excluye la explicación materialista, puesto que desde un punto de vista científico positivo no está demostrado, que la vida sea meramente una evolución de la materia.

La vida siempre quiere más vida y, para su desarrollo y crecimiento, sólo necesita encontrar un medio adecuado. Por ello si descartamos, por no tener pruebas científicas, por un lado, el que la vida surja de la materia y por otro nos apoyamos en la incommensurabilidad de principio, establecida desde la crítica filosófica por Kant, entre lo físico y lo orgánico, podemos concebir la posibilidad, a la que también apuntan hipótesis planteadas por la ciencia, de que los primeros organismos vivos hayan llegado a la Tierra de otras partes del universo. Y ciertamente la vida en la Tierra tendrá que ser trasladada a otros planetas u a otras galaxias, si quiere seguir existiendo, pues el propio Sol, como calculan los científicos, tiene también los días contados. Por ello, la humanidad que después de Darwin ya puede contestar positivamente a la pregunta ¿quiénes somos?, pues somos animales evolucionados y no espíritus arrojados en el mundo por su fantástico creador, tiene ante si la necesidad de contestar la otra pregunta clásica ¿a dónde vamos?, en el sentido de a qué otro planeta nos podemos dirigir teniendo en cuenta el tiempo que nos queda para permanecer en este. La pregunta que queda, el ¿de dónde venimos?, permanece envuelta en el más absoluto de los misterios, que sigue siendo el del origen de la vida, indisociable por otra parte del origen de la materia. Nos basta con tener claro el origen de la vida humana, pues en él están las condiciones que posibilitan nuestra co-existencia con el mundo. A partir de ellas, esto es a partir de la bipedestación, de la mano exenta, etc., la ciencia hoy está en condiciones de explicar, desde el desarrollo cerebral hasta el origen del lenguaje y por tanto de lo que en un lenguaje mentalista se denominó la "interioridad", el "dentro" de cada uno. Un tipo de realidad que no se puede concebir como originaria, sino como un desarrollo de la razón vital, conseguido por la trasposición de las estructuras operatorias generadas a partir de la musculatura manual a la musculatura de la glotis con el fin de dotar de una estructura racional operatoria a las unidades o términos sonoros.

Las ciencias físico-químicas tratan de dirigir sus indagaciones hacia las entidades terminales (físicas) y por ello su pregunta principal es ¿qué es un campo electromagnético?, ¿qué es un átomo?, ¿qué es una molécula?, ¿qué es un aminoácido? La respuesta es siempre algo físico, aunque sea de una naturaleza muy sutil, como energía, carbono, radiaciones, etc. Dichos contenidos aumentan históricamente, según avanzan los instrumentos técnicos (telescopios, microscopios, etc.) que nos permiten ampliar el radio de acción de nuestras manipulaciones y visión de la realidad. Las ciencias biológicas apuntan hacia las entidades operacionales (fenómenos en tanto que incluyen capacidad finalística operativa propia), como cuando responden que la vida es actividad, capacidad operativa de determinadas entidades, como células, infusorios u homínidos. De ahí la tendencia progresiva de la Antropología evolucionista a buscar el trampolín de apoyo para caracterizar lo diferencial y característico de la especie humana, su inteligencia, por ejemplo, en los órganos esencialmente operatorios como las manos:

"El cerebro no vive dentro de la cabeza, aunque ésta sea su hábitat formal. Se extiende a todo el cuerpo y, con él, al mundo exterior. Puede decirse que el cerebro <<termina>> en la médula espinal, que la médula espinal <<termina>> en los nervios periféricos, que los nervios periféricos <<terminan>> en las uniones neuromusculares, y así sucesivamente hasta llegar a los quarks. Pero el cerebro es mano y la mano es cerebro, y su interdependencia lo incluye todo, hasta los quarks" (Frank R. Wilson, *La mano*, p. 306).

La interioridad se configura, así, como lenguaje, como signo lingüístico, con sentido y referencia. Para ello es esencial la existencia de una memoria suficientemente potente para dar profundidad y espesor a los sentidos que asociamos con las palabras. Los enfermos del mal de Alzheimer nos presentan la evidencia trágica del desmoronamiento de la personalidad humana ante el deterioro de su base memorística, situada en el cerebro. La "interioridad" en tales casos regresa a estadios pre-humanos:

"Hay que haber empezado a perder la memoria, aunque sea sólo a retazos, para darse cuenta de que esta memoria es lo que constituye toda nuestra vida. Una vida sin memoria no sería vida, como una inteligencia sin posibilidad de expresarse no sería inteligencia. Nuestra memoria es nuestra coherencia, nuestra razón, nuestra acción, nuestro sentimiento. Sin ella no somos nada" (Luis Buñuel, *Mi último suspiro*, Plaza & Janes, Barcelona, 1982, p.14).

Pero no es suficiente la persistencia de la base material de la memoria para entender los fenómenos de la "interioridad". Pues, los datos de la memoria están sometidos a una ordenación temporal. Dicha relación de orden, en cuanto cumple un conjunto de condiciones agrupadas (reflexividad, simetría, transitividad), está a la base de lo que denominamos identidad personal. Pero la estructura de dichos agrupamientos procede de una inteligencia pre-consciente, de la inteligencia manual. Solo tras la interiorización de tales agrupamientos, asociados a los recuerdos sensitivos que se fijan por medio de palabras, puede construirse la identidad personal del yo consciente, del "yo interior", que cristaliza tras la adolescencia y persiste hasta los deterioros causados por el envejecimiento físico del organismo humano. Dichas ordenaciones de la memoria personal están asimismo en conexión con los relatos, mitos, historias, etc., que dan un sentido a la vida de los individuos en tanto que, como seres sociales, están insertos, en su nacimiento, en unas estructuras previas, las cuales les ofrecen, asimismo, elementos con los que identificarse o diferenciarse en el curso de sus acciones vitales.

Las ciencias semiológicas analizan los signos o símbolos como entidades fundamentalmente relacionales (esencias), dadas entre un sentido y su referencia. Un número es una entidad simbólica que, cuando se precisa dar su definición, es necesario echar mano de conceptos relacionales, como relaciones de equivalencia (clases) o relaciones de orden (sucesiones). De ahí que lo menos importante sea la naturaleza física de los números (manchas de tinta o de tiza blanca o de otro color), o la presunta capacidad o habilidad de "tender" al límite. Pues lo que importa es el establecimiento de las relaciones complejas que se establecen al manipular hábilmente estas primeras relaciones simples que expresan los números. No todas las entidades simbólicas son susceptibles de ser manejadas con tanta exactitud como las entidades matemáticas. Pero la aplicación de métodos estadísticos al tratamiento de los signos lingüísticos ha provocado un avance considerable en el tratamiento del lenguaje informático. O la aplicación de procedimientos algebraicos ha revolucionado la Lógica clásica de Predicados al interpretar extensionalmente la cópula <<es>> como una relación entre dos términos, como vimos más arriba. Descartamos con ello la existencia de un mundo platónico de entidades sustanciales intensionales. Las entidades relacionales son construidas, no eternas, y son objetivas. Son términos relacionales, símbolos artificiosamente construidos para el estudio específico de las relaciones, tanto más artificiosos cuanto más complejas resultan estas.

Las entidades terminales tienen que ver, fundamentalmente, con la categoría de espacio físico. Las entidades operacionales con la categoría de tiempo vivido. Las entidades relacionales con el espacio-tiempo de las geometrías, esto es con estructuras algebraicas que remiten a distintos tipos de operaciones sobre términos. Por ello son distintas de las otras, del espacio físico y del tiempo vivido, pero no existen por sí mismas de modo separado, sino que siempre remiten a los espacio y tiempos subjetivos, aunque los rebasen por su carácter objetivo. Las relaciones lógicas o matemáticas son el ejemplo más rico y complejo de las entidades relacionales. Aunque dichas relaciones se pueden observar ya tanto en la lógica de los circuitos eléctricos (ordenadores informáticos) y de los circuitos nerviosos del organismo humano (Mc Culloch), o en las manipulaciones de un niño desplazando objetos, donde mejor se realizan es en la manipulación de ciertos objetos artificiosamente construidos, los símbolos (cuentas de ábaco, números, letras del alfabeto, etc.). Dichos símbolos permiten el estudio más claro y abstracto de las relaciones mismas por neutralización, que no eliminación completa, de los contenidos físicos de las entidades terminales. No importa ahora que las letras sean de tiza o de tinta, o sonidos evocados en la mente de cada uno, pues lo que se busca es aislar las relaciones topológicas, las seriaciones o las clasificaciones que se pueden establecer, operando con tales símbolos por medio de combinatorias algebraicas que llegan a desplegar una gran sutileza y complejidad en el análisis, imposible de lograr sin recurrir a la neutralización artificiosa de los contenidos físicos y prácticamente vitales.

El formalismo de la Lógica o de la Matemáticas no trata, por tanto, de formas puras en el sentido de asumir un compromiso idealista, ni de formas materiales en el sentido de asumir compromisos ontológicos materialista, sino de entidades histórico-culturales artificiosas, esto es, producto de la habilidad manipulativa y, posteriormente, gutural, de los homínidos, desarrolladas necesariamente en lo que llamamos instituciones y, por ello, capaces de alcanzar un grado muy superior al que puedan desarrollar por su constitución biológica animales que nos son, en otros aspectos próximos, como los chimpancés. En tal sentido la habilidad reflexiva objetiva, de la que la reflexividad interior no es más que un transformado, esto es la habilidad de tallar símbolos o sonidos no naturales, aunque partan de entidades naturales como piedras de un collar, gritos emocionales, etc., es la que nos permite en principio representar, a través de dichas entidades artificiosas, relaciones que en estado natural no pueden ser analizadas con el suficiente rigor y detalle, además de abrir el camino a combinatorias que ya no encuentran siempre una correspondencia con las entidades subjetivamente conocidas y que nos permiten acceder hacia realidades virtuales que contribuyen a aumentar la densidad y riqueza de la propia realidad, al fomentar nuevas relaciones entre los objetos o términos existentes, que pueden llegar a la creación de nuevos objetos (los plásticos) o al descubrimiento de otros hasta ahora desconocidos.

¿Qué es el Hombre?

Kant consideraba que solo después de responder a las preguntas por el conocimiento (teórico y práctico) estábamos en condiciones para responder a la pregunta sobre qué es el hombre, de la que debía tratar la Antropología como disciplina esencial de una Filosofía crítica que ha abandonado ya los, por él denominados, sueños de la Metafísica, en sus diferentes versiones materialista o teológico-espiritualista. Una vez que el resultado de nuestros análisis nos ha conducido a responder a la pregunta sobre la estructura última de la realidad en entidades terminales, operacionales y relacionales, debemos, siguiendo el mandato platónico, volver a la "caverna", al mundo cotidiano en que transcurre la vida humana, para progresar y profundizar en él, reinterpretándolo ahora desde los esquemas ontológicos adquiridos. En tal sentido debemos reconstruir la realidad humana envuelta en un mundo de apariencias engañosas, según dichos esquemas ontológicos últimos, para tratar de alcanzar construcciones esenciales de lo humano. Por ello, trataremos de ver ahora los sujetos o términos humanos (H), como "seres en el mundo", en relación con otros términos tales como los objetos naturales (N), culturales (C) y los animales (A), con los que se relacionan a través de determinadas acciones y operaciones. Dicha estructuración de la realidad antropológica configura un Espacio Antropológico que debemos analizar según tales dimensiones.

La pregunta kantiana sobre ¿Qué es el Hombre? se relacionaba también con la Psicología de la Facultades de Tetens, en la que se apoya Kant, por la cual se distinguen en el Hombre la Facultad de Conocer, la de Desear y la de Sentir. Kant analiza la Facultad de Sentir relacionándola con el Arte en la 1ª Parte de la *Crítica del Juicio* al tratar de los juicios en materia de gusto. En la 2ª Parte analiza la finalidad en la Naturaleza, por lo que se puede considerar esta parte como una ampliación de lo expuesto en la *Crítica de la Razón Pura*. Por ello podríamos interpretar que Kant añade aquí, en relación con el análisis del gusto estético una 4ª pregunta que podríamos formular como: ¿qué nos puede gustar? Por tanto, la respuesta a la pregunta antropológica presupone lo que podíamos llamar un espacio de cuatro ámbitos o dimensiones, muy diferente del tradicional espacio antropológico inaugurado por los filósofos griegos. Dicho ámbito se configuraba tradicionalmente, en los griegos, desde perspectivas religioso-teológicas, como comprendiendo tres tipos de realidades, la naturaleza, los hombres y los dioses. A cada una de dichas realidades le correspondía un tipo de saberes.

Pero en la filosofía moderna, a consecuencia del hundimiento de la metafísica onto-teológica, -a raíz de la invalidación por Kant de sus pretensiones de cientificidad, con la destrucción de las consiguientes pruebas demostrativas de la existencia de Dios-, la situación de los saberes sufre una profunda modificación. Ya Fichte, por seguir hasta las últimas consecuencias el criticismo kantiano, es acusado de ateísmo. Y Feuerbach, gran admirador de Fichte, se ve obligado a eliminar, no solo al Dios monoteista, sino a todo tipo de divinidad, considerándolas como irreales, como entidades producto de la alucinación y de la enajenación humanas. Con ello reduce las dimensiones del saber humano a dos tipos de entidades, las naturales y las humanas. Dicho dualismo se transmitirá especialmente por la tradición del materialismo marxista hasta que sea puesto en cuestión, dentro de esa misma tradición, a consecuencia del desarrollo de una nueva explicación de la religión iniciada por Gustavo Bueno en su obra *El animal divino* (1985). Previamente los antropólogos y sociólogos positivistas habían suministrado análisis de un abundante material histórico y antropológico en los que resaltaban el carácter funcional, y muchas veces positivo, de la religión en el sostenimiento y duración de las sociedades humanas. Asimismo, fenomenólogos como Max Scheler, en su obra *De lo eterno en el hombre,* o Rudolf Otto en *Das Heilige,* habían fijado la esencia de lo religioso, no tanto en las divinidades mismas, como en la experiencia de lo sagrado o *numinoso,* lo misterioso mismo, tan fascinante como terrorífico, que las envolvía.

Tales enfoques, combinados con novedosas aportaciones de las ciencias etológicas en el estudio del comportamiento animal, derivadas del evolucionismo darwiniano, -el cual conecta el origen del hombre con nuestros antepasados simios a la vez que el mismo Darwin, en su obra *La expresión de las emociones en el hombre y los animales,* pone de manifiesto el mundo emocional e inteligente de los animales, refutando científicamente la consideración que de ellos se tenía desde el cartesianismo como meras máquinas insensibles y sin pensamiento, y abre el camino a la actual *Etología* o ciencia del comportamiento animal-, tales enfoques confluyen en la reinterpretación, por parte de Gustavo Bueno, de las conocidas tesis de Feuerbach, en la forma de que "los hombres hicieron a los dioses a imagen y semejanza de los animales"(G. Bueno, *El animal divino*, Pentalfa, Oviedo, 1985, p. 170).

Tesis que implica el rechazo del dualismo antropológico de Feuerbach, pues los animales numinosos o divinos son seres reales y no entidades meramente imaginadas y, por tanto, se deben distinguir tanto de los seres humanos como del resto de seres o entidades naturales. Pues los animales superiores, como el tigre, el bisonte o el oso de las cavernas, no se pueden reducir, según Gustavo Bueno, a meros depósitos de proteínas para el hombre primitivo, sino que deben ser considerados también en su dimensión de personas no-humanas, que jugaron el papel de los *númenes* originarios de los que surgen las relaciones religiosas con seres considerados misteriosos y sagrados. La zoolatría sería por ello, según Gustavo Bueno, la religión más primitiva, evolutivamente hablando, de donde han ido surgiendo, por diversas transformaciones, otros tipos de religiosidad muy posteriores, como el culto a los dioses mitológicos y al propio Dios monoteísta de las denominadas religiones del Libro.

Dimensiones del espacio antropológico

Como consecuencia de ello, el espacio antropológico adquiere de nuevo en Gustavo Bueno (G. Bueno, "Sobre el concepto de 'Espacio Antropológico'", *El sentido de la vida*, Pentalfa, Oviedo 1996, pgs. 89-114) una organización ternaria en tanto que se apunta a tres tipos de entidades, entre las cuales caben tres tipos de relaciones: las relaciones entre sujetos humanos (relaciones circulares), las relaciones entre los humanos y la naturaleza (relaciones radiales) y las relaciones entre los humanos y ciertos animales superiores (relaciones angulares).

Creemos, no obstante, que este esquema espacial de Gustavo Bueno está incompleto, pues en él no se recogen adecuadamente las relaciones de los sujetos humanos con entidades no naturales tan esenciales en la vida humana como son los objetos culturales producto de la técnica y el arte humanas. No obstante, el propio Gustavo Bueno, en un escrito posterior a *El animal divino*, introduce en el espacio antropológico religiosos los objetos culturales como necesarios para completar las relaciones de religación religiosas, denominándolas como "Religación del primer género" (Ver, Gustavo Bueno, *Cuestiones cuodlibetales sobre Dios y la religión*, Mondadori, Madrid, 1989, "Cuestión 5ª. Religación y religión", p. 217). Estas relaciones con objetos culturales también las considera radiales, pero ahora en un sentido inmanente y no trascendente como ocurre con las naturales, en tanto que, a diferencia de los objetos naturales, los objetos culturales o artísticos son producto de la propia actividad humana.

Este espacio de cuatro dimensiones, que resulta al añadir las relaciones con objetos culturales, permite el establecimiento de una dialéctica en el sentido de que las relaciones dadas en cada uno de ellos, aun siendo irreductibles, se anudan por el intermedio de las demás, manteniendo, en determinadas circunstancias, una cierta autonomía, posibilitada operatoriamente por la propia tridimensionalidad básica del espacio, que permite construir figuras de un eje componiéndolas con otro y haciendo abstraccion de los demás.

Por ello el espacio antropológico, a nuestro juicio, debería quedar configurado a través de un proceso estrictamente deductivo como un espacio de cuatro dimensiones (sobreentendiendo la subdivisión interna de la dimensión radial en cultural y natural) a cada una de las cuales asignamos un ámbito del conocimiento humano. Dicha deducción resulta al distinguir en dicho espacio las relaciones personales de las impersonales, y las inmanentes de las trascendentes, en el sentido indicado, con cuya composición obtenemos la siguiente tabla clasificatoria:

	inmanentes	trascendentes
personales	**políticas**	**religiosas**
impersonales	**culturales**	**cósmicas**

(Relaciones)

Obtenemos con ello una especie de deducción o clasificación estática de los tipos esenciales de los saberes humanos obtenidos en el *progressus* hacia el mundo. En ella se nos dibuja con claridad deductiva el puesto del hombre en el mundo, parodiando el título de una obra de la Antropología filosófica de Max Scheler. La filosofía en cuanto es una reflexión sobre dichos saberes o conocimientos humanos, debe hacerlo no sólo de modo sistematico, como se comprueba en la forma tradicional de los grandes sistemas filosóficos, sino también de modo sucesivo en la historia de su desarrollo.

La pregunta kantiana sobre ¿qué es el Hombre? recibe así una respuesta que presupone un origen evolutivo natural de la especie humana, que el propio Kant no pudo tener en cuenta, pues en su escrito "Probable inicio de la historia humana" (1786) se ve obligado a realizar una interpretación analógica del mito bíblico de Adán y Eva, en la que sitúa el estadio inicial del hombre próximo a una animalidad dominada por los meros instintos, no solo por prudencia frente a la censura religiosa, sino por escasez de conocimientos de la época. Hasta Lamarck o Darwin no se dará un paso del Rubicón en estos asuntos sobre el origen del propio hombre y de su racionalidad. Pero ya Heidegger hablaba de no reducir el Hombre a un conocimiento meramente científico-positivo, sino de tratar de captar su esencia existencial o estructura ontológica (*Dasein*), en el sentido de las esencias fenomenológicas de Husserl. Ciertamente no pasó de una aproximación puramente descriptiva del *Dasein* en su obra más influyente *Ser y Tiempo*. Una posición nueva en la explicación no meramente descripcionista de las estructuras antropológicas es la que se abrió camino con el denominado Estructuralismo francés de Levi-Straus. Pero la obra de Levi-Strauss se mueve de forma limitada en el espacio científico-categorial, en competencia con otras escuelas antropológicas previas, como el morfologismo de Boas, el funcionalismo de Malinowsky, el difusionismo de Kroeber o el evolucionismo de Morgan (Ver G. Bueno, *Etnología y Utopía*, Azanka, Valencia 1971, p. 129 s.s.). Una Antropología filosófica o Fundamental, en el sentido de Max Scheler o Heidegger, pero no meramente fenomenológico-hermenéutica, sino operatiológica, en el sentido del estructuralismo operatiológico piagetiano, es la que, partiendo del Espacio-antropológico propuesto por Gustavo Bueno, proponemos por nuestra parte como especificándose en las cuatro dimensiones: radial-cósmica, radial-cultural, angular y circular.

En la Dimensión radial-cósmica tienen cabida el desarrollo de las Ideas del Cosmos físico y de la Biosfera que afectan a los denominados valores vitales. En la Dimensión radial-cultural se debería tratar de las realidades tecnológicas y artísticas que encarna valores culturales. La Dimensión angular trataría de la intersubjetividad entre el hombre y los animales, desde una base etológica hasta el nacimiento y desarrollo de los valores religiosos. Y, por último, la Dimensión circular trataría de reconstruir la intersubjetividad humana implicada en los valores ético-morales y jurídico-políticos.

Conocimiento en valores

El conocimiento "teórico" o científico, desde las ciencias formales y naturales a las ciencias humanas, se caracterizaba, en línea con los resultados alcanzados por Piaget en su enfoque de la racionalidad como resultado de agrupamientos operatorios cerrados, por la consecución de unas estructuras operatorias cerradas (resultado de metodologías alfa y beta-operatorias en la terminología de Gustavo Bueno).Con ellas se conseguía alcanzar un equilibrio entre la asimilación y la acomodación por neutralización de las operaciones, al conseguirse establecer, por ejemplo, los llamados "grupos de desplazamientos" en los niños (Piaget) con los que se construyen ya a temprana edad las categorías de Espacio, Tiempo, Objeto Permanente, Causalidad, etc., o en la racionalidad humana más tardía y sofisticada con la construcción de unas verdades científicas como identidades sintéticas (Gustavo Bueno) del tipo de teoremas como el de Pitágoras o como la Ley de la Gravitación universal de Newton. Partiendo de la racionalidad más primaria -posibilitada por la transformación de las funciones puramente instintivo-biológicas en hábitos y habilidades, tal como señala Piaget al observarlas en el niño, en el comienzo de su exploración del mundo físico externo-, los homínidos irán desarrollando una racionalidad específicamente humana con técnicas de construcción de la industria lítica más primitiva (hachas, lanzas, flechas, etc.), en la que aparece la necesidad de procedimientos que regulen dicha construcción según unas normas estrictas si se quiere obtener un buen producto final. Dichas norman exigen instituciones que las transmitan y las hagan cumplir, con un lenguaje simbólico, una enseñanza reglada y mantenida de generación a generación etc. Tal institucionalización de los procedimientos técnicos nos separa esencialmente, por ello, de la conducta técnica ya existente en animales como castores o chimpancés. Pero la novedad de una conducta regida por normas, que aparece primero en la fabricación de instrumentos a partir de objetos naturales, se acaba extendiendo a otros aspectos que regulan la vida humana en las relaciones sociales, como son la aparición de las normas sociales de tipo político o religioso, las normas artísticas, etc. La diferencia con el establecimiento de las normas técnicas estaba, en relación con el desarrollo de los conocimientos en valores morales, por ejemplo, en acostumbrarse progresivamente más a las acomodaciones que a las asimilaciones.

Dicho conocimiento de los valores estéticos, religiosos, políticos y ético-morales se ha denominado tradicionalmente conocimiento puramente práctico, el cual era contrapuesto por Kant al conocimiento puramente teórico, relativo a la explicación de las Leyes y normas que rigen el funcionamiento de la Naturaleza. Kant había reservado a la Antropología la respuesta a la pregunta por lo que es lo propiamente humano, la cual se podría contestar después de haber respondido a la pregunta primera en filosofía de lo que podemos conocer, tanto en las ciencias teóricas de la Naturaleza como en las ciencias Humanas, para formular en términos actuales lo que era para Kant el conocimiento teórico y el práctico. Para responde a esta pregunta última, pero no por ello menos importante, de ¿Qué es el Hombre?, Kant inicia su curso titulado "Antropología desde un punto de vista pragmático" en el que considera el Hombre como una Idea filosófica, para cuyo estudio se requiere unos procedimientos analíticos previos basados en la información más amplia posible de sus costumbres y tipos existentes tanto psicológica como socialmente. Considera que el Hombre como ser espiritual es una Idea derivada de la Idea de Alma, procedente de la Ontología especial wolffiana, que se da en relación con la Idea de Cosmos y con la Idea de Dios. De ahí que los contenidos característicos humanos, como los imperativos éticos o las conductas políticas y las creaciones estéticas, se expliquen por oposición a la Naturaleza o en relación con las esperanzas religiosas mantenidas con la postulación de la existencia de Dios. Por ello Kant necesita partir de la Ontología wolffiana analizada en la Dialéctica Trascendental de la *Crítica de la razón pura* para abordar el estudio del Hombre como una Idea que no se reduce a un concepto empírico natural, como el que es objeto de la denominada Antropología física desarrollada en la Facultad de Medicina. Kant habla por ello de una Antropología en sentido Pragmático, cuyo contenido deben ser las costumbres individuales y sociales del hombre. Por ello la inicia con una explicación de la Psicología individual que debería ser completada con una Psicología de los pueblos.

Hoy disponemos de una Psicología científico-positiva de la conducta humana y animal más profunda que la Psicología metafísica introspectiva de los tiempos de Kant. Por ello debemos apoyarnos en ella de nuevo para explorar y fundamentar los contenidos antropológicos de los valores y normas sociales. Dentro de las Psicologías de la Conducta surgidas en el siglo XX, la Psicología Genética de Jean Piaget nos ha interesado especialmente en tanto que fue desarrollada en conexión estrecha con sus iniciales interese filosófico-epistemológicos, lo que le sirvió de apoyo científico-experimental para su novedosa explicación del conocimiento humano desarrollada en su famosa Epistemología Genética. La mayor influencia de Piaget tuvo lugar en la década de los 70 del siglo pasado, en la que alcanzó una dimensión mundial. Luego perdió paulatinamente su influjo quedando reducida a la utilización, muchas veces errónea, que de sus descubrimientos en la Psicología del niño hicieron los pedagogos. Hoy prácticamente su novedosa Epistemología Genética está olvidada. Únicamente a finales del siglo pasado y comienzos del actual ha sido reactualizado Piaget en USA como el precursor de un poderoso movimiento filosófico denominado *Embodied Mind*, impulsado inicialmente por los biólogos chilenos Francisco Varela y Humberto Maturana, que está criticando y desplazando a la explicación empirista del conocimiento dominante en el mundo anglosajón a lo largo del pasado siglo XX. A nuestro juicio, la explicación del conocimiento de Piaget, no solo permite una superación del empirismo, sino que permite también superar la concepción idealista del conocimiento de un Kant o de un Husserl, debido a sus raíces biológicas en la concepción de sujeto del conocimiento como un sujeto corpóreo-operatorio, entendido evolutivamente como un organismo vivo dado en un medio entorno natural al que tiene que adaptarse, no solo de modo instintivo, sino en especial en los organismos humanos, a través del conocimiento racional que nos define propiamente como especie desde los tiempos de Aristóteles.

Pero Piaget pensaba, debido a sus desengaños filosóficos plasmados en su libro *Sagesse et illusions de la Philosophie*, que la teoría del conocimiento pasaría a ser una materia propia y exclusiva de la ciencia. En ello creemos que se ha equivocado pues, aunque la teoría del conocimiento hoy ha continuado y ampliado su tratamiento por las denominadas Ciencias Cognitivas, sin embargo, no se ha podido generar una ciencia cerrada y unificada del conocimiento. Lo que hay son explicaciones de aspectos parciales al modo de una *disiecta membra* resultante de enfoques posibilitados por las diversas ciencias positivas realmente existentes como la Lógica, la Física, la Biología, la Lingüística, la Psicología, etc. Por ello permanece como siempre la necesidad de un Tratamiento global del conocimiento como una rama propia de la Filosofía. Lo único que cambia aquí es la necesidad de desarrollarlo dentro de una filosofía crítica y no dogmática o meramente especulativa, como se hace desde Kant. Consideramos, por ello, que Piaget ha sido quien ha desarrollado una nueva Teoría del Conocimiento que trata de superar el idealismo de Kant, mantenido todavía por Husserl, aunque con la introducción de la denominada Conciencia intencional. Piaget, asumiendo dicha intencionalidad husserliana de la conciencia, que se resume en la correlación esencial entre la conciencia y el objeto del conocimiento al que apunta, en el sentido de que el sujeto, cuanto más transforma el mundo con sus acciones, más se transforma a sí mismo, da un paso más allá del mero descripcionismo de los análisis fenomenológicos husserlianos para centrarse en la construcción por el sujeto del conocimiento de las estructuras operatorias que lo correlacionan con los objetos. Con ello el sujeto del conocimiento pasa a ser un sujeto operatorio, entendido como un organismo vivo y no ya como una mera Conciencia Trascendental kantiana o husserliana.

En tal sentido, como vimos más arriba, el conocimiento en valores puede explicarse, según Piaget, del mismo modo adaptativo que el conocimiento técnico, pero al revés, esto es: lo primero y predominante es la acomodación a los valores, en tanto que estos no resultan de la asimilación de los objetos manipulables, sino de la imitación acomodativa de las acciones o actitudes de otros sujetos. Pues los valores, como señala Max Scheler, son como los colores que no existen en estado separado de una superficie, y por ello precisan de unos portadores de valores, unas personas que los realizan como el genio, el santo, el virtuoso, etc. Ellos son los modelos máximos a los que debemos seguir, tratando de imitarlos y acomodando nuestra conducta a la de ellos. Dicha acomodación es más sencilla al principio, para el niño o para el primitivo, pues se limitan a obtenerlos por imitación, promovida por la constricción de la autoridad de los padres o personas mayores de su entorno, o los jefes de la tribu para los primitivos salvajes, mientras que la asimilación de dichos valores hasta hacerlos propios y equilibrarlos finalmente cuando se construyen los principios ético-morales, es un proceso posterior y más largo.

La vida afectiva, según Piaget, aunque inseparable de la vida intelectual, de la que es interdependiente, se distingue de ella en que los afectos son el motor que crean el valor conferido a las acciones, estructuradas, a su vez, según mecanismos inteligentes. Hay aquí un eco de la Voluntad schopenhaueriana como impulsora y motor de la inteligencia racional humana. Pero, a diferencia de Schopenhauer, para Piaget la vida afectiva, como la intelectual, está sometida a procesos adaptativos. Por ello, -Piaget, que también trató de dirigir sus experimentos psico-genéticos a los procesos de maduración moral en el niño (J. Piaget, *El criterio moral en el niño*, Martínez Roca, Barcelona, 1987), aunque sus análisis en el campo emocional sean menos extensos que en el de la pura inteligencia-, establece tres periodos en la consecución de la conciencia moral. Dichos periodos son paralelos a los periodos del desarrollo intelectual, con la diferencia de que las estructuras emocionales se relacionan con personas antes que con objetos: la lógica es una moral del pensamiento, como la moral es una lógica de la acción, sostiene Piaget. Pues la lógica operatoria material, antecesora de la Lógica llamada Formal, se empieza a constituir en los homínidos con la institucionalización de normas técnicas para la fabricación de hachas en la industria llamada lítica y a su vez la moral introducirá por imitación una lógica racional en el establecimiento e institucionalización de las normas que deben regir las conductas sociales.

De la misma manera que, desde el punto de vista intelectual, al principio se da una identidad entre el niño y los objetos, que se rompe a los dos años, final del periodo sensorio-motor, cuando el niño comprende que es un objeto entre objetos, comenzando a superar su egocentrismo inicial, desde el punto de vista emocional se empieza a romper el estado de anomia emocional cuando el niño cede a las normas de respeto unilateral y de presión que se establecen en su trato con los adultos. Aparece entonces, según Piaget, una primera fase de moral heterónoma, en la que la imitación predomina sobre la asimilación interna y libre de las normas morales. Dicho periodo dura hasta la adolescencia cuando el niño, al menos en las sociedades occidentales, por la temprana escolarización, inicia una extensión de sus relaciones con otros niños de semejante edad, con los que emprende un tipo de juegos que tienen la particularidad, con respecto a los juegos anteriores, de que se realizan sin la supervisión o vigilancia de los adultos. Por ejemplo, los juegos de canicas estudiados por el propio Piaget en el citado libro:

"Los juegos de los niños constituyen admirables instituciones sociales. El juego de las canicas, para los muchachos, comporta un sistema muy complejo de reglas, es decir, todo un código y toda una jurisprudencia (...). Si se quiere comprender algo de la moral del niño, hay que empezar, evidentemente, por el análisis de estos hechos. Toda moral consiste en un sistema de reglas y la esencia de cualquier moralidad hay que buscarla en el respeto que el individuo adquiere hacia estas reglas. (...) Por otra parte, la mayoría de las reglas morales que el niño aprende a respetar las recibe del adulto, es decir, que se le dan elaboradas, y, muchas veces, elaboradas no a medida que las va necesitando y pensadas para él, sino de una vez por todas y a través de la sucesión ininterrumpida de las generaciones adultas anteriores (...). Por el contrario, en el caso de los juegos sociales más simples, nos encontramos en presencia de reglas elaboradas por los niños solos. El hecho de que estas reglas nos parezcan o no <<morales>> por su contenido, es poco importante. En tanto que psicólogos, debemos colocarnos, no en el punto de vista de la conciencia adulta, sino en el de la moral infantil. Así pues, del mismo modo que las realidades llamadas morales, las reglas del juego de canicas se transmiten de generación en generación y se mantienen únicamente gracias al respeto que inspiran a los individuos. La única diferencia es que en este caso se trata sólo de relaciones entre niños. Los pequeños que empiezan a jugar son iniciados poco a poco por los mayores en el respeto por la ley y, por otra parte, tienden de todo corazón a esta virtud, eminentemente característica de la dignidad humana, que consiste en practicar correctamente las normas del juego. En cuanto a los mayores, tienen el poder de modificar las reglas. Si no hay <<moral>> en esto (pero ¿dónde empieza la <<moral>>?) existe por lo menos respeto por la regla, y una investigación como la nuestra debe empezar estudiando esta clase de hechos" (J. Piaget, *El criterio moral en el niño*, Martínez Roca, Barcelona, 1987, pgs. 9-10).

Piaget establece tres estadios en el desarrollo de la Idea moral de justicia en el niño. Un primer periodo que se extiende hasta los 7-8 años, durante el cual la moral del niño es heterónoma. Un segundo periodo comprendido entre los 8 y los 11 años que es el del igualitarismo progresivo a través de la reciprocidad, durante el cual aparece el sentimiento de autonomía moral. Y un tercer periodo que se inicia en torno a los 11-12 años durante el cual el igualitarismo alcanzado en el periodo anterior se ve moderado por la consideración de las circunstancias que concurren en cada caso ya que, en vez de buscar la igualdad en una identidad genérica y universalmente abstracta, como el famoso imperativo categórico kantiano, el niño sólo concibe los derechos iguales de los individuos relativamente a la situación particular de cada cual, lo que hace que deje de concebirse la ley como algo idéntico para todos y se tengan en cuenta las circunstancias personales del caso, como puede ser favorecer a los pequeños, etc., buscando una igualdad más positiva y efectiva.

Desde un punto de vista filogenético, la aparición de una cultura valorativa en los humanos se remonta a los procesos de hominización que nos alejaron de nuestros parientes evolutivos más próximos como los primates. Dicho origen debe ser considerado en el marco de una reflexión actual sobre las habilidades y su profundo significado para la existencia humana, tal como ha mostrado en el siglo XX los estudios epistemológicos de Jean Piaget o los descubrimientos y grandes avances de la Paleoantropología evolucionista, en cuestiones como la explicación del conocimiento, el origen de la técnica, del lenguaje humano mismo y de los propios valores humanos En tal sentido habría una diferencia esencial entre las sociedades animales de los primates, nuestros parientes más próximos en la escala zoológica, y los homínidos, en los que aparecen las habilidades técnicas plasmadas en la construcción de instrumentos y armas, como el hacha de sílex, las cuales permiten establecer unas formas nuevas de valoración normativo-institucional que se acabará extendiendo a las habilidades políticas, artísticas o religiosas, en relación con el propio grupo de homínidos y el resto de los animales.

A partir de la habilidad manual humana (muy superior ésta a la de cualquier primate, a partir del *Homo Habilis* o de la australopiteca Lucy, por la perfección de la mano de estos homínidos) se forma un núcleo generador que desestructura las sociedades propiamente animales, regidas en sus mecanismos de dominación principalmente por pautas instintivas, dando lugar por *anamorfosis* a la aparición de otras formas nuevas de sociedades, ya propiamente prehumanas o humanas, que se empiezan a caracterizar principal y decisivamente por estar regidas principalmente por normas racionales institucionalizadas y no meras pautas rutinarias instintivas. Dichas normas derivan del desarrollo de tecnologías manuales que permiten la construcción de instrumentos poderosos, como las hachas, lanzas, arcos, flechas puntiagudas, etc. Dicha normalización de la producción técnica habría requerido la institucionalización de la fabricación de instrumentos, el origen y desarrollo del lenguaje y de nuevas habilidades cognitivas, etc., y puede ser vista como la fuente del surgimiento de las propias normas sociales que caracterizaran y diferenciaran a las sociedades humanas de las sociedades animales, como sostiene Jonathan Birch:

"The normative domain expanded from technical norms to incorporate norms of fairness, reciprocity, ritual and kinship. I suggest that these norms, despite their apparently abstract and general character, were an elaboration of a basic capacity for norm-guided skill execution" (Jonathan Birch, "Toolmaking and the evolution of normative cognition", *Biology & Philosophy* (2021) 36:4, p.18, https://doi.org/10.1007/s10539-020-09777-9. Agradezco a mi ex-alumno Javier Suarez me haya comunicado la existencia de este importante artículo de investigación empírica sobre las importancia de la *skills hypothesis* en el origen de las normas cognitivas humanas).

Las normas humanas sociales, según esta perspectiva, no provienen del azar ni de las tablas divinas de la ley. Provienen de la transformación de rutinas del comportamiento animal, de la misma manera que, según Piaget, los esquemas de acción técnico-cognoscitiva proceden de la transformación de reflejos biológicos. Dicha transformación, a diferencia de la de los conocimientos de objetos físicos, que comienza como una continuación de los esquemas asimilativos, tiene lugar en principio por el predominio de acomodaciones imitativas. Por ejemplo, la rutina instintiva por la que las crías de los mamíferos siguen a la madre da pie a que este seguimiento acomodaticio se amplíe a la imitación de sus movimientos, como sacar la lengua o sonreír en él bebe. Y así como filogenéticamente la técnica del *homo habilis*, en la que domina la transformación asimilativa del medio frente a la mera acomodación a él, marca el Rubicón del largo proceso de hominización, desde el punto de vista del dominio práctico del medio natural, en relación con el mundo de la socialización y los valores, por el que las rutinas animales de los primates se transforman en normas propias de las sociedades humanas, sería la llamada *Mimetic Culture*, según propone Merlín Donald, la que marca el punto de no retorno entre la *Episodic Culture* de los chimpancés y la *Mythic Culture* del *Homo sapiens*.

Por conducta mimética no entiende Donald la mera imitación mecánica, sino la imitación intencional. Dicha imitación requiere, como en el caso de la asimilación inteligente del mundo por el niño, un sistema representacional intencional en cuya elaboración tienen un papel central las manipulaciones, tanto desde un punto de vista ontogenético como filogenético. Pues ya en el chimpancé se da un comportamiento que lo diferencia notablemente de otros monos, como los gorilas que, aunque tienen destreza manual, no son tan capaces en la autoexploración manual como los chimpancés:

"El chimpancé utiliza sus manos para una infinidad de funciones y su notable habilidad para el uso de herramientas es conocida desde los tiempos de Darwin. A pesar de que los gorilas tienen algunas destrezas manuales, estas no están tan desarrolladas como las de los chimpancés, particularmente en lo que tiene relación con la exploración. Lo cual sugiere que los chimpancés tienen un sistema de auto-representación más sofisticado, al menos por lo que se refiere a la (auto) exploración manual. Nótese que el control de la mano implica, por primera vez en la evolución, un ir juntos, en el mismo sistema de acción, la retroalimentación visual, táctil y propioceptiva. El control de la mano puede ser visto como el cruce de un Rubicón biológico en el que un sentido distal dominante - la visión - llega a controlar y modular directamente las acciones" (M. Donald, op.cit., p. 147).

Así los chimpancés, a diferencia de los monos no antropomorfos, usan las manos para auto-explorar su rostro ante un espejo. Por ello las manos parecen tener una relación con la aparición de la autoconciencia en el sentido, no ya mental, sino puramente sensorio-motor de percepción de la propia posición o propiocepción del cuerpo en relación con el entorno.

Pero dicha "autoconciencia" tiene todavía, según Merlín Donald, una duración puramente episódica. Es decir, que la vida se vive enteramente en el presente, en relación con situaciones concretas y episódicas a causa de una capacidad memoristica limitada, en el sentido de Tulving (E. Tulving, *Elements of episodic memory*, New York, Oxford University Press, 1983). Se trata de una memoria para episodios muy específicos y localizados en el tiempo y el espacio vivido, por ejemplo, cuando recordamos aspectos de una experiencia como el lugar, el clima, los colores y sabores, las voces escuchadas, etc., tal como ocurre en relación con acontecimientos como la muerte de un familiar, el primer amor, etc. Frente a dicha memoria existe la memoria procedimental (*procedural memory*) que alberga o almacena los tipos de algoritmos o esquemas que guían las acciones, ignorando lo específico de cada situación (M. Donald, *op.cit.* p. 150). Por ejemplo, cuando para parar un balón uno debe saber seguir con la vista un objeto en movimiento, no importa la velocidad o el lugar del disparo o la postura en que uno se encuentra en el inicio del lanzamiento. Lo que se necesita aquí es recordar reglas o normas generales y no detalles episódicos de otros lanzamientos. Además, existe en los humanos la denominada memoria semántica, encargada de elaborar las redes semánticas, que es la forma dominante de memoria en términos de control jerárquico. Por el contrario, la memoria episódica es la que domina en la mayor parte de los mamíferos, incluidos los monos (M. Donald, *Ibid.*, p. 152). Por ello el sistema de representación del mundo en los humanos es más complejo que el de los monos, pues permite, no tanto el aprendizaje del manejo de símbolos, pues se ha demostrado que los monos también son capaces de ello, sino que permite, además, la invención de símbolos y su uso normativo intencional.

El paso de un sistema de representación episódico a un sistema de representación simbólico como el humano presupone un estadio intermedio que Merlin Donald denomina el estadio de la cultura mimética. Dicho estadio se sitúa evolutivamente *grosso modo* desde la aparición del *homo hábilis* hace 2 millones de años y, más precisamente, desde el *homo erectus*, hace 1500 millones de años, hasta la aparición de *homo sapiens* hace 200.000 años. En dicho periodo la capacidad craneal media de 1000 c.c. llega a ser el doble de la de los chimpancés y australopitecos. Con el *homo hábilis* estos cambios todavía son difíciles de probar, pero con el *homo erectus* las cosas están más claras:

"*Erectus* desarrolló una gran variedad de sofisticadas herramientas y se dispersó por todas las tierras euroasiáticas, adaptándose a una amplia variedad de climas y viviendo en una sociedad donde la cooperación y la coordinación social de las acciones eran una estrategia central para la supervivencia de la especie (...). Algunos rasgos de la cultura del *erectus* sugieren cambios cualitativos en la cognición, más que continuidad. Su sistematizada tecnología instrumental sólo puede tener lugar en una inteligencia que vaya más allá de una mentalidad episódica, concreta, literal y limitada en el tiempo. La difusión de la manufactura instrumental requería además de un elaborado mecanismo para inventar y memorizar complejos conjuntos de procedimientos, habilidades sociales para enseñar y coordinar dichos procedimientos" (M. Donald, *Ibid.*, pp. 163-64).

Todo esto pudo hacerse sin lenguaje, pues está demostrado que antes de su adquisición, como ocurre con los niños, o incluso sin ella, como en los sordomudos, la inteligencia humana es superior a la de cualquier mono. Ello es debido en parte importante a la habilidad imitativa, en el sentido de imitación intencionada:

"La habilidad mimética, o mimesis, reside en la capacidad de producir actos representacionales, conscientemente y por iniciativa propia, que son intencionales sin ser lingüísticos. Estos actos miméticos son primordialmente definidos en términos de su función representacional. Por ello los actos locomotores, reflejos, instintivos y rutinarios quedan excluidos de esta definición..."(M. Donald, *Ibid.*, p. 168. Sobre la capacidad de imitación y sus repercusiones en la diferencia entre monos y humanos remitimos a Jacques Vauclair, "Would Humans without Language be Apes?", en J. Valsiner (Series Ed.) & A.Toomela (Vol.Ed.) (2003). *Cultural guidance in the development of the human mind: Vol. 7. Advances in Child Development within Culturally Structured Environments (pp. 9-26)*. Greewich, CT: Ablex Publishing Corporation, pp. 20-21).

Donald distingue entre la mímica que es propia de loros, la imitación que se da en los monos y simios y la mimesis o imitación propiamente humana que, incorporando ambas, se caracteriza por implicar además la invención de representaciones intencionales, es decir la habilidad de volver a representar (*reenacting*) un acontecimiento, sea con fines comunicativos o con el fin de ensayar o repetir algún procedimiento normativo para aprenderlo, ya sea una técnica, una pantomima o una danza ritual (*Ibid.*, p. 169). A diferencia de un niño de 14 meses que es capaz de dirigir su mirada hacia un punto y señalarlo con el dedo captando la intención de la mirada de su madre, un chimpancé es incapaz de hacer lo mismo, es incapaz de realizar la intención de otro, pues hacerlo requiere superar una conciencia puramente episódica (*Ibid.*, p. 71). Aunque la conducta mimética no tenga en principio que ver con la comunicación, sin embargo, en tanto que los actos miméticos habitualmente son por su naturaleza públicos, pueden en potencia conducir a alguna forma de comunicación social. Permiten, tales actos miméticos, ser distinguidos de su referente, como se distingue una lucha real de otra ficticia (*Ibid.*, p. 172). Permiten también modelar o representar un número ilimitado de acontecimientos individualmente percibidos. Asimismo, los actos miméticos pueden ser reproducidos en base a apoyaturas internas o voluntarias y no ya externas, conformando así las primeras formas de "pensamiento" representacional.

Por lo que respecta a las consecuencias sociales de la nueva forma de cultura mimética, Merlín Donald señala la aparición de nuevas formas de control social, basadas en imitación de costumbres, juegos miméticos individuales y de grupo, danzas rituales útiles para definir roles jerárquicamente estructurados en ausencia de lenguaje, sosteniendo por ello que " el lenguaje no es necesario para el desarrollo de complejas reglas y roles sociales, pero la mimesis si es esencial"(*Ibid.*, p. 175) Asimismo, aparecen nuevas formas más eficaces de aprendizaje necesarias para habilidades prácticas como el manejo o construcción de herramientas domésticas, de armas, de refugios, formas de luchar y de cazar, etc. Las dos formas en que se desarrolla este modo mimético de expresión son la visuo-motor y la facial. Con la primera se expresan, predominantemente, habilidades técnicas y, con la segunda, emocionales. La primera supone una larga maduración evolutiva en la coordinación de la mano y la vista a través del crecimiento y especialización de ciertas localizaciones cerebrales. La segunda tiene que ver con la expresión vocal y gestual de emociones:

"Además de la avanzada habilidad manual, hay otro aspecto de la cultura mimética humana que parece necesitar un especial aparato modular neuronal unido a una capacidad mimética general: la mimesis facial y vocal que se mezcla en la expresión emocional. La combinación de expresiones emocionales vocales y faciales pudo haber jugado un importante papel en la cultura mimética como todavía ocurre en la sociedad moderna" (*Ibid*, p. 180).

En conclusión, la habilidad mimética representó un nuevo nivel en el desarrollo de la hominización por que introdujo un nuevo vehículo de coordinación y control social, basado en un nuevo sistema de autorrepresentación, de tal manera que muchos de los rasgos que habitualmente se atribuyen al lenguaje humano están ya anteriormente presentes en la cultura mimética, como son la comunicación intencional, la capacidad recursiva o la diferenciación del sentido y la referencia. Por ello, según Donald, aunque la cultura mimética tuvo un gran éxito práctico en la fabricación de herramientas y en la coordinación social de actividades como la caza, su mayor éxito reside en que proveyó durante aproximadamente un millón de años las estructuras semánticas y sociales en las que se apoyaría más tarde el lenguaje simbólico (*Ibid.*, p. 200).

El origen del lenguaje humano comienza, con dichas aportaciones, a tener una explicación positiva, resultado de la confluencia de hallazgos en el campo de la neurología, la paleoantropología, la psicología genética y la cognitiva, la anatomía, la psicolingüística, etc. Frank Wilson ofrece en el capítulo 10, de su libro *La Mano*, titulado "La mano articulada", una explicación del origen de la sintaxis en relación con una perspectiva que hasta ahora no se ha tenido en cuenta, la que entiende los movimientos de la mano como movimientos significativos y con capacidad representacional:

"Durante mucho tiempo ha habido acuerdo en que hay dos formas cualitativamente diferentes de movimiento hábil, representacional, muy bien ejemplificadas por las diferencias entre gesto y signo. Pero nadie ha dicho nunca seriamente que podría haber otra clase completa de movimientos representacionales: los que están incrustados en otros movimientos muy practicados, *significativos*, pero que no son *ni gestos ni signos*. La única excepción de esta distinción, la habilidad para la ejecución musical, se trata de la misma manera que el lenguaje: una habilidad aislada, instintiva; en definitiva, una <<inteligencia>>. Ocasionalmente se la llama <<el lenguaje de las emociones>> (...). La habilidad en la ejecución musical es el ejemplo más claro y la prueba más diáfana de la existencia de toda una clase de habilidades motoras autodefinidas y personalmente distintivas, cuya base es la experiencia y una formación intensa, ambas fuertemente vinculadas al desarrollo emocional y cognitivo del individuo, con un firme intento de comunicación y unos niveles de ejecución muy altos. En otras palabras: la habilidad en la ejecución musical es más que una simple *praxis*, una destreza manual ordinaria o habilidad para la pantomima. A pasar del creciente interés que despierta la ejecución experta tanto en neurología como en ciencia cognitiva, la habilidad musical todavía no suele contemplarse como una prueba de la existencia de toda una *familia* de habilidades humanas, física y cognitivamente exigentes, estructuradas de modo jerárquico y creativamente ricas. Unas habilidades que, al igual que el signo, tienen un contenido comunicativo y <<asoman en la mano>>. Para el científico cognitivo, lo mismo que para el neurólogo, la mano muy entrenada y creativa permanece todavía casi en la oscuridad y no está representada en el pensamiento de la neurología clínica y teórica" (F. R. Wilson, *op.cit.*, pp. 209-210).

En tal sentido encontraríamos, desde el punto de vista filogenético, una convergencia con los descubrimientos de Piaget en el sentido de que, hacia el primer año de edad, las manos de los niños hacen que el mundo de los objetos, y el conocimientos de las acciones a las que se les puede someter, aumenta rápida y considerablemente, en el sentido de que dichos movimientos van acompañados de una especie de guion secuencial que establece un primer espacio dimensional ordenado con los significados primeramente manuales de delante-centro-atrás, o principio-centro-final, que conforman una primera lógica sensorio-motora. Lógica manual de la que procederían las que Chomsky cree estructuras sintácticas "innatas". Estructuras que de "innatas" no tienen nada, pues son resultado o prolongación filogenética de estas primeras estructuras de la inteligencia manual cuando en lugar de a objetos se aplican a sonidos o palabras en las oraciones lingüísticas.

Pero si nos interesa el lenguaje aquí no es tanto por la explicación de su origen que, no obstante los espectaculares avances que se han hecho en el siglo XX, sigue aún abierta a nuevos puntos de vista como el de Frank Wilson, sino porque con la aparición del lenguaje se explica, siguiendo las tesis de Robin Dunbar, el inicio de la delimitación de un tipo de relación personal característica de los humanos, la cual no sobrepasa un número determinado de individuos (150), y determina también la aparición de valores emocionales que provocan la formación de coaliciones de individuos que se oponen a otros generando una dinámica de largas consecuencias políticas y sociales.

Valores vitales

De la misma manera que llevamos a cabo una clasificación de las ciencias dando por supuesto que todas proceden y suponen actividades técnicas previas en las que, sobre la acomodación imitativa a los objetos, predomina la transformación de los objetos para asimilarlos, podemos considerar aquí que los saberes tradicionalmente llamados político-prácticos o poéticos, en los que la imitación es un factor esencial para su adquisición, también pueden ser clasificados teniendo en cuenta que su origen descansa en algún tipo de preponderancia de la acomodación imitativa. De tal manera que, así como en el conocimiento "teórico" se obtiene la verdad científica a través de procesos operatorios que conducen a un estado de equilibrio expresado en leyes que se alcanzan al neutralizar las acomodaciones operatorias del sujeto, hasta obtener una asimilación del objeto de estudio, en los conocimientos "prácticos" se trataría de conseguir un equilibrio por acomodaciones, originariamente predominantes, que se neutralizarían con asimilaciones, como ocurre en el límite con la conducta estrictamente ética que busca el bien tratando de escapar a la imitación heterónoma, como vimos en los estudios ontogenéticos de Piaget, para formular primero la máxima autónoma del "sé tu mismo" o "llega a ser el que eres", que finalmente se adapta consolida y madura manteniendo un equilibrio con las circunstancias. Con ello se alcanza una situación de equilibrio que se diferencia de la actitud puramente estética en la cual todavía hay un desequilibrio por el predominio de la imitación. Entre los valores vitales considerados inferiores en la escala valorativa humana por Max Scheler y los valores superiores de la ética se sitúan valores intermedios como los valores políticos, -y nosotros, a diferencia de Max Scheler incluiríamos a loa valores religiosos- en los que la imitación se entiende como emulación o seguidismo de una persona que nos garantiza la seguridad frente a los peligros que se presentan inevitablemente en la lucha por la existencia, frente a otros sujetos humanos competidores o frente a las amenazadoras fuerzas naturales, sean animales depredadores o amenazadoras fuerzas meteorológicas.

Por ello, para finalizar el desarrollo de nuestro programa de reconstrucción filosófica del saber humano, realizaremos un somero examen de tales valores comenzando por los valores imitativos, en los que predomina claramente la acomodación, como aquellos valores básicos sobre los cuales descansan las diversas artes políticas, religiosas o estéticas o de la sabiduría de la vida, siendo la conducta imitativa el *primum* de los valores, aunque el *summum* sean los valores ético-morales.

Comenzaremos, entonces, por los valores vitales que se postulan como los valores precisos para el mantenimiento, prevención y desarrollo tanto de la salud del individuo corpóreo operatorio humano como de la salud e higiene del grupo social. Disponemos de una disciplina académica relativamente reciente, la denominada Bioética, que trata precisamente de estos valores. Su campo material es la vida orgánica en principio y no solo la vida humana. Queda fuera de ella el campo de lo inorgánico. Pero a diferencia de la Biología, la Bioética tiene una inclinación decididamente práctica en cuanto incluye los valores éticos, morales (Biomoral) e incluso políticos (Biopolítica) por su dirección eminentemente práctica en el objetivo de mejorar la vida humana como Bioética Antrópica, frente a otras Bioéticas Anantrópicas que subordinan la vida humana a la Vida en general (G. Bueno, *¿Qué es la Bioética?*, Pentalfa, Oviedo, 2001, p12-13).

La vida humana en general tiene dos aspectos a considerar, el aspecto individual o el aspecto social. Desde el punto de vista individual se trata de entender la conducta adecuada en relación con la salud del organismo corporal individual. Dicha consideración es abstracta en el sentido de que no se puede entender el organismo individual totalmente al margen del organismo biológico grupal de la especie evolutiva al que pertenece. No cabe aquí por tanto ninguna "robinsonada". Pero, aunque no se le pueda separar enteramente, si se puede admitir una consideración individual disociada de los aspectos de la salud o supervivencia del grupo. Dicha consideración es aquella en que el cuerpo individual es considerado por el propio individuo en función de su preservación y bienestar propio de un modo "egoísta". Así el individuo busca mantener y mejorar su fortaleza física e intelectual, cuidando su salud, ejercitando sus funciones intelectuales y memorísticas, controlando sus emociones, etc., siguiendo el dicho clásico de *mens sana in corpore sano*. En tal sentido el sujeto humano podemos decir que es capaz de "autorregular" su conducta en relación consigo mismo.

Ello no quiere decir que dicha autorregulación surja espontáneamente de él en tanto que estuviese ya dotado *a priori* de una autonomía personal en el sentido kantiano. Pues dicha autorregulación no surge de modo absoluto, sino que es el resultado de una especie de causalidad circular que, sin suponer su separación o aislamiento absoluto respecto a otros sujetos, implica por su cierre operatorio circular una desconexión del individuo con respecto a las influencias conductuales externas de otros individuos. El individuo va así construyendo una especie de ser esférico cerrado propio que no esta dado *a priori*, sino que es construido a través de estas operaciones causales circulares que van segregando una especie de auto-logismos que rigen y determinan sus decisiones personales en relación con su salud corporal, emocional e intelectual.

El problema surge en tanto que la separación con respecto a otros individuos del grupo social no puede ser completa. Por ello pueden aparecer conflictos o choque con otros individuos. Pero en tanto que dichos choques externos no tienen que ser meramente negativos para la salud del individuo, pues son una especie de obstáculos que pueden presentar ciertamente amenazas o dificultades pero también ayudas o facilidades, abren una relación dialógica en la que deben insertarse las conductas individuales autológicas de un modo que permita un aumento o una preservación de las condiciones de posibilidad y pervivencia de la salud del grupo y de la de los propios individuos insertos en él. Para ello es preciso fijar con claridad el tipo de relación que se da entre el individuo y el grupo. Dicha relación no puede ser reducida a una sola dirección, sino que debe ser contemplada como una relación de co-determinación, en tanto que toda existencia biológica es siempre una co-existencia. Dicha co-determinación presupone la habilidad de los individuos corpóreo-operatorios de autorregular su conducta propia, es decir, su capacidad de entidad <<semoviente>>, adquirida tras separarse del claustro materno ayudado por el grupo humano en el que está inserto. Jean Piaget señaló con claridad como se produce este proceso con las denominadas reacciones circulares de la conducta infantil que van siendo construidas por el niño transformando los reflejos instintivos en hábitos y complejas estructuras de la inteligencia. Del resultado de tales interacciones interindividuales, dadas entre el individuo y el grupo en su conjunto, van surgiendo una serie de normas vitales (Bioéticas, Biomorales, Biopolíticas, etc.) que rigen tales relaciones. Dichas normas que se ocupan de la salud de los individuos y del grupo se han empezado a fundamentar de un modo racional y experimental con la aparición de la medicina griega, llegando a alcanzar una gran importancia en las legislaciones de las sociedades actualmente más avanzadas con la aparición de unas tecnologías médicas muy eficaces, resultado del desarrollo de los conocimientos científicos. Con ello van adquiriendo cada vez más el rango de programas estatales de prevención y planificación de cuestiones que afectan a la salud como la natalidad, la clonación, la eutanasia, etc.

Valores estéticos

Los valores estéticos son un tipo de valores humanos que tienen que ver con un efecto especial (sentimiento de belleza, sublimidad, sentimiento de lo siniestro, etc.) que produce la contemplación o exploración de ciertos objetos u objetividades culturales (cuadros, sinfonías, novelas, películas, etc.). El origen de dicho sentimiento ya está en la relación con lo agradable, lo bello o lo sublime en la propia naturaleza (puestas de sol, paisajes, cantos de los pájaros, tempestad, tormentas, muertes, etc.). Pero ello tiene un sentido similar a decir que el origen de las relaciones técnicas ya está en determinados animales (nidos de pájaros, presas de hurones, colmenas de abejas, etc.). Pues se dice en tal sentido que el arte es una imitación de la naturaleza, esto es una reproducción de esas sensaciones naturales, pero con medios no naturales, sino artificiales, como el buril o el pincel, tal como sostiene Kant en su *Crítica del juicio*, los cuales suponen una refinada mano humana capaz de sofisticados tipos de prensión de los objetos inalcanzables incluso para nuestros parientes más próximos, los simios.

Del "arte" natural podemos decir que, en los animales, está también subordinado a funciones de adaptación, tal como se observa en la vistosidad estética de las ceremonias de cortejo de las aves, en las que los colores y sonidos sorprenden muchas veces por su espectacularidad, mientras que el arte humano en sentido estricto, tal como lo definiera Kant en la *Crítica del Juicio*, expresa más bien una <<finalidad sin fin>>, pues se supone que no está al servicio de ningún instinto o necesidad natural. Tiene más el sentido de una habilitación del medio natural mismo según nuevas necesidades que rebasan las puramente instintivas de adaptación a él.

La diferencia entre una caverna y una choza marca el paso de la mera adaptación instintiva a la propia adaptación técnica del medio natural. Pero dicha choza puede hacerse con materiales toscos, o con materiales que despiertan un cierto valor estético ante su contemplación. De ahí que el primer estadio en la aparición del arte lo podemos denominar estadio del arte adherente, en tanto que en principio va unido a otras finalidades más utilitarias y técnicas, de las que no se puede separar. Kant ya habló, en la *Crítica del Juicio*, de la belleza adherente o adjetiva, cuando se considera el arte de las iglesias, palacios, etc. En ellas el arte está al servicio de otras funciones, como las de culto, que se consideran superiores. Por tanto, no aparece en estado puro, como cuando lo encontramos en un museo de pintura o cuando contemplamos la belleza natural de una flor. Como ocurría con la técnica, este tipo de actividad artística se da primeramente en un estadio indiferenciado, ligado a ceremonias o danzas, previo a la aparición de una actividad artística diferenciada, como consecuencia del surgimiento de una división del trabajo en las sociedades primitivas. Quizás las artes más antiguas y originarias hayan sido las danzas y cánticos ceremoniales asociadas con ellas, de las que casi no tenemos vestigios directos. Las danzas, en tanto que ceremonias estéticas, no surgen de la nada, sino que presuponen la transformación de rituales etológicos previos, como la "danza de la lluvia" de los chimpancés, de la que habla Jane Goodall en *Mis amigos los chimpancés* (1973), los cuales producen ruidos al golpear con palos imitando los ruidos de la tormenta, con efectos calmante ante la angustia o el miedo provocado por la tormenta. La música de percusión podría haber sido el primer arte, en el sentido en que Schopenhauer distinguía la música del resto de las artes considerándola la manifestación misma de la Voluntad de vivir.

Pero, así como la mayor perfección de la mano humana respecto a la de cualquier simio permitió la construcción de hachas, en el caso de la percusión, la mayor precisión y posibilidades de agarre de los palos como baquetas, permitió, no solo la construcción de tambores y otras cajas de percusión, sino a la vez una mayor variación compositiva de sonidos y ritmos debidos a sus mejoradas formas de agarre y prensión manual, que enriquecían notablemente la capacidad de expresión emotiva y sus posibilidades catárquicas. Dicha habilidad percutiva llegaría a su máximo desarrollo en el piano moderno y la guitarra, instrumentos polifónicos en los que la mano humana alcanza un virtuosismo espectacular en la coordinación armónica, simultanea o sucesiva de los sonidos. En tal sentido, como ocurría con las invenciones técnicas, dichas invenciones artísticas irían asociadas a una persona, el mago o hechicero, el cual, en tanto que mago-técnico, tenía poderes en relación con el control de algunas fuerzas naturales. En tanto que mago-hechicero, tenía la capacidad, por medio de la exploración de experiencias artísticas al servicio de catarsis de emociones religiosas ligadas a primitivos cultos zoolátricos, -tales como la representación pictórica de animales numinosos, como bisontes, caballos, ciervos, etc., realizadas en la profundidad de las cuevas prehistóricas buscando un lugar recogimiento apartado- para representar e inmortalizar con gran fidelidad aquellos seres misteriosos que rodeaban a los pequeños grupos humanos amenazando su existencia y a la vez, constituyendo su fuente más importante de alimentación a través de la caza. En tal sentido las sensaciones estéticas aparecen entonces a través de las técnicas de reproducción ligadas a otros tipos de relaciones, como eran las religiosas primitivas. La reproducción imitativa de los sonidos naturales de tales animales sagrados que producía sensaciones fuertes, de miedo mezclado con atracción, propias de la caza, pudo haber estado verosímilmente en el origen de la música, de la misma manera que, -señala Ortega y Gasset-, según cuenta un antiguo relato hindú, el origen de la pintura podría estar en la reproducción imitativa de la sombra que determinados objetos, con fuerte carga emocional, proyectaban sobre un fondo, cuando el amante con un objeto tinzante marcó la silueta de su amada que la luz del sol proyectaba como sombra en una roca próxima. Las propias danzas resultarían de la imitación de los movimientos de animales. En el caso de la danza se muestra, como señala Julián Velarde, como "la técnica no siempre conlleva el uso de herramientas: por ejemplo, la danza; o mejor dicho, en la danza la herramienta es el propio cuerpo, que el bailarín usa para representar caracteres, imitar pasiones, etc. (en lo que se asemeja a las artes de la imitación -pintura y escultura-); y también para causar emociones, generar símbolos, explicar historias, comunicar a través del gesto, etc." (Julián Velarde, *La mano humana*, Punto Rojo Libros, Sevilla, 2021, p. 57). Los gestos de la danza se expresan por las manos. Las artes literarias que se expresan a través de las palabras, aparecerían posteriormente con la aparición del lenguaje humano sometiendo las palabras a los ritmos armónicos provenientes de la música. Las danzas coreográficas, el teatro o el cine moderno, surgirían simplemente por la combinación simultanea de música, pintura, danzas y cantos, texto literario, etc.

Música, danza, arquitectura, escultura, pintura, se abrirían camino a la par que la construcción y decoración de casas, templos, ceremonias religiosas o militares. Y, a la vez que las técnicas se diversifican en oficios, también dicho arte adherente va conformando los oficios de pintores, escultores, tejedores, joyeros, actores de los coros y danzas, vates, etc. La aparición de civilizaciones diferentes acentuará la tendencia dialógica entre las artes, de un modo más profundo de lo que ocurría con las técnicas, por el mayor predominio del componente subjetivo de la acomodación que acompaña la satisfacción del sentimiento estético. Así, aparecen diversos tipos de arte ya en épocas muy primitivas de la historia de las civilizaciones, como el arte chino, el egipcio, el hindú, el mesopotámico, el cretense, el maya, el azteca, el inca, etc. Es el momento en que la belleza deja de ser análogamente indiferenciada y se muestra más equívoca. Los cánones estéticos se hacen cada vez más dispares en función de la idiosincrasia de las respectivas civilizaciones donde florecen. El relativismo estético que ello conlleva, si se hubiese desarrollado sin límite alguno, habría podido conducir al estancamiento estético en el nivel de las artesanías, todo lo ricas y variadas que se quieran, pero imposibles de ordenar en una escala de valoraciones objetivas. Dicha posibilidad valorativa objetiva aparecerá posteriormente en las artes en confluencia con la constitución del racionalismo matemático. Se señala en tal sentido, por los expertos en historia del arte, a los egipcios y los griegos como los primeros artífices de esta revolución en el tratamiento de las experiencias estéticas que conducen al arte en el sentido más pleno y desarrollado:

"En todo el mundo existió siempre alguna forma de arte, pero la historia del arte como esfuerzo continuado no comienza en las cuevas del sur de Francia o entre los indios de Norteamérica. No existe ilación entre esos extraños comienzos y nuestros días, pero sí hay una tradición directa, pasando de maestro a discípulo, y del discípulo al admirador o al copista, que relaciona el arte de nuestro tiempo - una casa o un cartel - con el valle del Nilo de hace unos cinco mil años, pues veremos que los artistas griegos realizaron su aprendizaje con los egipcios, y que todos nosotros somos alumnos de los griegos. De ahí que el arte griego tenga formidable importancia para nosotros" (Ernst H. Gombrich, *Historia del Arte*, Alianza Editorial, Madrid, 1990, p. 31).

Existe el precedente de la civilización caldea, a la que se remontan los conocimientos matemáticos más antiguos, pero de su arte, debido a que utilizaban el barro, fundamentalmente por la escasez de piedra en los valles sumerios, no queda prácticamente noticia. Por ello los egipcios, que utilizaban la piedra en sus construcciones y figuraciones más monumentales dotadas de una rigidez geométrica, son el precedente más cercano y asequible, teniendo en cuenta que la agrimensura desarrollada por ellos, por razones tan prácticas como la redistribución de los lindes de las feraces parcelas agrícolas que el Nilo borraba con sus crecidas, es el verdadero origen tecnológico sobre el que se desarrollará la geometría griega. Los pitagóricos descubren la relación matemática entre los sonidos armónicos y la longitud de la cuerda de una lira (la octava, la quinta, la séptima resultan de ir cortando la cuerda en fracciones numéricas). La <<sección áurea>> permite obtener sensaciones estéticas de belleza armónica al ordenar el espacio arquitectónico y escultórico según determinadas reglas y proporciones matemáticas, categorizando lo que Kant llamará el sentimiento de lo bello que se inicia con los griegos y que monopoliza el mundo del arte hasta el descubrimiento de nuevos sentimientos artísticos como el sentimiento de lo sublime explorado por los artistas románticos y que Kant distinguió con gran profundidad filosófica del sentimiento clásico de lo bello. Buscando dicho ritmo armónico de lo bello, los versos homéricos permitieron armonizar y embellecer el arte de la literatura. Con todo ello el arte griego alcanza su estadio normativo, que le permite superar la tendencia dialógica a la dispersión y el relativismo. A su vez, la relación con unas normas geometrizantes objetivas permitió abrir un hueco muy importante a la libertad creativa del artista individual, que aparecía muy limitada en el periodo artesanal, por el peso de una tradición normativa escolar, muy sometida a su vez a procedimientos dogmáticos debido a su predominante función de arte adherente. Pues las nuevas normas matemáticas permitían una libertad de exploración formal dada precisamente por la objetividad, que no rigidez, de los cánones geométricos. Con ello se recuperaba la posibilidad inventiva y azarosa que había caracterizado al estadio más primitivo del arte:

"La vieja idea de que importaba mucho mostrar la estructura del cuerpo - como si dijéramos sus goznes principales, que nos ayudan a darnos cuenta de la disposición del conjunto - incitó al artista a explorar la anatomía de músculos y huesos, y a labrar una reproducción convincente de la figura humana, visible incluso bajo el fluir de los ropajes. En efecto, la manera de emplear los artistas griegos los ropajes para señalar esas principales divisiones del cuerpo, revela la importancia que concedieron al conocimiento de la forma. Este equilibrio entre una adhesión a las normas y una libertad dentro de ellas es el que ha hecho que se admirara tanto el arte griego en los siglos posteriores, y que los artistas se hayan vuelto hacia sus obras maestras en busca de guía e inspiración" (Ernst H. Gombrich, *Ibid.*, p. 56).

Con ello aparece lo que se puede llamar, como hace Gustavo Bueno, el arte sustantivo, o el <<arte por el arte>>. Empieza el interés por las obras mismas y no tanto por sus funciones religiosas o políticas. Comienzan los Fídias, Praxíteles o Lisipo en las bellas esculturas, arte en el que los griegos no han sido superados. La pintura, para alcanzar una perfección semejante, tendrá que esperar al descubrimiento de las normas de la perspectiva ligadas a la Geometría proyectiva en el Renacimiento, con sus Leonardo, Rafael y Miguel Ángel. La esencia del arte es, entonces y precisamente, la *mimesis* en sentido aristotélico, el cual distingue ésta de la mera imitación reproductiva, al considerarla como una recreación o reconstrucción intencionada de la actividad vital. Kant añadirá a esto que tal reconstrucción intencionada debe ser entendida como una intencionalidad límite, al ser conducida por una "finalidad sin fin", de un modo parecido, diríamos nosotros, a como cuando en geometría se habla de una "distancia cero", que es una distancia que en una línea continua de infinitos puntos puede ser tan pequeña como se quiera, pero que en el límite tenderá a cero. Podemos ver aquí un paralelo con la diferencia entre técnica y tecnología que señalamos más arriba, en el sentido de que el arte griego empieza a ser considerado por los historiadores como un tipo de arte más perfecto en sus representaciones que los anteriores. Ello sería debido a que puede apoyarse, en su invención y desarrollo, en conocimientos científicos, como el de las proporciones pitagórico-matemáticas de los sonidos, o la geometría proyectiva del Arte Renacentista; o en la aparición de artes nuevas como la fotografía, el cine, la música electrónica o las instalaciones audiovisuales, ligadas a los nuevos instrumentos tecnológicos producto de la revolución industrial. En tal sentido sería "arte sustantivo" por su capacidad de mayor libertad de creación, aportada por tales instrumentos y aparatos tecnológico post-científicos, que le liberan de la mera imitación de modelos naturales propia del arte más primitivo, al ser orientado por nuevas visiones del mundo aportadas por las ciencias, de la misma manera que las tecnologías derivadas de las ciencias son más poderosas en la producción técnica que las técnicas precientíficas basadas únicamente en el azar y la mera experiencia.

Valores religiosos

La organización de las relaciones sociales puede ser también contemplada como una forma de "arte", en tanto que la imitación predomina, al principio, en ella. En relación con los valores socio-políticos, excluidas la hipótesis adámica o robinsoniana, dados los actuales conocimientos que nos proporciona el evolucionismo antropológico, son las bandas de cazadores-recolectores, el primer estado natural de los homínidos. Desde luego, no es la pareja monogámica la base de dichas agrupaciones. No obstante, el tamaño mínimo de dichos grupos, teniendo en cuenta los primitivos actuales que mantienen todavía ese tipo de vida de cazador-recolector en los desiertos de África, Australia o en las selvas amazónicas, se puede situar en los 30-35 miembros componentes de 5 o 6 familias (Dunbar, D., *Grooming, Gossip and the Evolution of Language*, Harvard University Press, Cambridge, Massachussets, 1996, p.70).

Ya escribía Ortega y Gasset respondiendo a la pregunta ¿Qué es la horda?, que esta es,

"un tropel de entre 10 y 30 seres humanos que se parece sobremanera a un rebaño de animales silvestres. La horda vaga por campos y selvas: no conoce ley alguna, ni diferencias sociales entre sus individuos. No tiene jefe alguno. No sospecha la utilización agrícola de la tierra: vive de la caza y de recoger tubérculos y frutos espontáneos. Habita a la intemperie sin cabaña ni choza: a lo sumo fabrica un cañizo o pantalla que le resguarda de los vientos. En la época de las lluvias procura guarecerse en cabañas. No mantiene relación alguna con las hordas vecinas y, lo que es muy importante, ignora la guerra" (J. Ortega y Gasset, "El origen deportivo del Estado II", *Obras Completas*, Madrid, Taurus, 2005, t. III, p.780).

En dicha situación la relación más importante de la horda no era con otras hordas, sino con los grandes animales a los que cazaba y de los que principalmente se alimentaba:

"Las divinidades son (…) divinidades de cazador: los animales, y su culto tiene carácter orgiástico y mágico. Se conquista la benevolencia del poder animal trascendente imitándole en su figura y en sus gestos rituales que se convierten en brincos y danzas frené-ticas" (J. Ortega y Gasset, op. cit., p.714).

Pues, para Ortega, tales seres eran

"...los seres que entonces preocupaban más al hombre y a quienes reconocían rango divino: los animales" (J. Ortega y Gasset, op. cit., p. 779).

Pero la interpretación de la naturaleza de esta relación no ha podido ser comprendida científicamente hasta fecha muy reciente. La aparición de la Etología o ciencia del comportamiento animal, con antecedentes en Charles Darwin, pero desarrollada por Konrad Lorenz en el siglo XX, ha cambiado notablemente la consideración de los animales como seres irracionales o que se mueven por impulsos meramente mecánicos, en el sentido del "automatismo de las bestias" de Gómez Pereira y Descartes. Dichas ciencias han reconocido la existencia en los animales superiores de una inteligencia y voluntad en muchos aspectos muy próxima a la de los humanos. Hasta el punto de plantearse la posibilidad de recono-cerles ciertos derechos "personales" en el conocido Frente de Liberación Animal. En tal sentido se ha abierto la posibilidad de considerarlos dotados de personalidad, esto es de considerarlos como personas no-humanas, y no como meros entes naturales tales como las piedras o árboles. Lo cual abre una nueva posibilidad de interpretación en el terreno de las religiones primarias y especial-mente en la interpretación de la zoolatría.

Las relaciones religiosas han tenido históricamente un trata-miento más controvertido que las propiamente políticas. Sobre todo en aquellos periodos en que dominaba una religión de tipo dogmático o teológico. Pero, consideradas desde un punto de vista estrictamente filosófico, no son más que un caso particular de relaciones antropológicas. No obstante, deben ser diferenciadas de las estrictamente políticas en que, aunque sean también relaciones personales, se trata de relaciones no inmanentes u homogéneas, sino trascendentes, en el sentido de que son relaciones con per-sonas no-humanas (divinas, demoníacas, animales sagrados en la zoolatría, etc.). Deben ser diferenciadas también de las relaciones entre humanos y de las técnicas y artísticas. El fulcro real en el que se sostiene la atribución de singularidad está en el origen evolutivo de la conducta religiosa. Para ello es preciso remitirse a las religiónes más primitivas, de la misma manera que para indagar el origen de las relaciones políticas debemos trasladarnos a las llamadas sociedades naturales prehistóricas de los primeros homínidos, teniendo en cuenta las semejanzas y diferencias con las socie-dades de primates, nuestros más inmediatos antecesores evolutivos. Este proceso se inicia después de que la modernidad ilustrada permitiese la desconexión, en las corrientes de la filosofía post-hegeliana, de la mezcla de religión y filosofía que caracterizó la tradición metafísica europea. Las campañas napoleónicas en Egipto y la colonización inglesa de la India interesaron a los románticos, a principios del siglo XIX, por otras formas de religiosidad diferentes de la cristiano-occidental. El descubrimiento de los textos védicos, o de las de la mitología egipcia e hindú y sus traducciones, influyó de manera extraordinaria en filósofos como el Schelling tardío y Schopenhauer. Con este último se empieza a abandonar el monopolio teológico de la religiosidad al considerar como más verdaderas las antiguas religiones mitológicas de la India que las religiones teológico monoteístas tales como el cristianismo, el judaísmo y el islamismo.

El sentido histórico-evolutivo que el idealismo alemán, sobre todo el hegeliano, había introducido en la filosofía, permitió al positivismo realizar una efectiva, y documentada, ordenación del llamado, por Augusto Comte, estadio teológico de la Humanidad. El resultado más llamativo fue la atribución al fetichismo, al animismo o a la zoolatría, el rango de religiones más primitivas, frente a las cuales las religiones mitológicas y teológicas eran resultado de una evolución tardía. Pero, en el positivismo inglés de Herbert Spencer, acabaron triunfando las tesis animistas, y por tanto bien poco positivas, sobre el origen de la religión. No obstante, con el Positivismo, a diferencia de la incomprensión de la Ilustración hacia lo más característico y positivo de la religiosidad, se empezó a entender el carácter funcional, considerado desde el punto de vista de la conservación y organización de las sociedades primitivas, que jugaban determinadas instituciones asociadas tradicionalmente a la religiosidad, como el totemismo. Por otra parte, en el materialismo feuerbachiano y luego en el marxista, aun conservando la incomprensión y ceguera característica del materialismo ilustrado para las funciones positivas de la religión, en lo que permanecen por detrás del positivismo clásico, se desarrolló la idea de que la religión es algo hecho (aunque sea el hecho de una invención) por los propios hombres. La famosa formula de Ludwig Feuerbach de que <<los hombres hicieron a los dioses a imagen y semejanza suya>> abre una posibilidad de explicación no animista ni espiritualista del origen de la religión. La clave está en un fenómeno de carácter psicológico, la alucinación, el cual conduce a la conciencia alienada, una conciencia que es víctima de sus propias fabulaciones a las que acaba por tomar como realidades independientes de ella misma.

Dentro de esta misma tradición materialista, en la forma que influyó fuertemente el materialismo marxista en las universidades europeas en los años 70, Gustavo Bueno, en *El animal divino* (1985), ha introducido una importante modificación a la citada formula de Feuerbach al transformarla en esta otra: <<los hombres hicieron a los dioses a imagen y semejanza de los animales>>. La base de apoyo son una serie de "líneas de hechos", como diría Bergson, que han sido aportados por el evolucionismo científico, pero, en especial, es la Psicología de la conducta animal, la llamada Etología, con su establecimiento positivo del carácter inteligente y volitivo de las relaciones interespecíficas, al menos entre los animales superiores. El hecho o fenómeno principal es el de la religación entre el hombre, dado en un nivel de hordas familiares auto-subsistentes y ciertos animales superiores (osos, bisontes, caballos, etc.), una vez que se ha producido el fenómeno del despegue de la especie humana de sus parientes más próximos, los simios, a través de transformaciones biológico-evolutivas, como la bipedestación, la mano exenta, la fonación, el crecimiento de la capacidad cerebral, etc. Todo ello culminaría en el establecimiento de una habilidad de representación simbólica mimética, primero gestual y después lingüística, mediante la cual es posible establecer una distancia con las referencias empíricas animales y una persistencia objetivada de ellas, por ejemplo, en las representaciones pictóricas del Paleolítico superior. Solo entonces es posible explicar el inicio de un proceso de extrañamiento y segregación respecto a unos seres temibles y a la vez necesarios para la alimentación y subsistencia, que rodean a los hombres y que, a diferencia de las piedras o las plantas, son <<centros de voluntad>> que acechan, huyen, aparecen y desaparecen. Unos centros de voluntad ante los cuales la conducta del primitivo se asemeja a la actitud del niño ante sus padres. Es decir, a una conducta ante seres más fuertes a los que se respeta y se teme, pero, a la vez, de los que se depende para alimentarse y por ello se trata de aplacar su ira o ganar su favor. La caza misma de estos animales, que es una mera "técnica", en cuanto predominan en ella el desarrollo de los instrumentos (hachas, flechas) para asimilarse al animal como proteína energética, es a la vez, aunque en menor medida, ritual imitativo mediante plumas o sonidos que permiten al cazador aproximarse sigilosamente a la presa cuidadosamente mimetizado. Sólo ante ciertos animales extremadamente peligrosos por su fuerza (el oso, el bisonte) o su astucia (la serpiente venenosa) pudo predominar esta conducta mimética de acomodación frente a la mera técnica asimilativa, dando lugar al arte imitativo de su conducta y costumbres en ritos ceremoniales en los que se les rendía culto y veneración con el ánimo de aplacarles o de recibir por transferencia algo del miedo que su presencia despertaba. Un miedo ancestral que evolutivamente era una herencia de los antepasados primates, como el propio Darwin, tuvo ocasión de comprobar al observar el pánico que experimentan los chimpancés de un zoológico ante la presencia de una serpiente de trapo (Charles Darwin, *The descent of man*, London, John Murray, 1871, p. 72).

En las sociedades de cazadores-recolectores, frente a ciertos animales extremadamente peligrosos, tigres, leones, serpientes, grandes osos, etc., cuya conducta y extrañas costumbres no se comprende, la reacción primaria es la misma que ante otra persona humana más poderosa: la mímesis. Las danzas rituales más primitivas son muestras ceremoniales de dichas imitaciones. Precisamente, los procesos de representación gestual y lingüística realizados mediante acomodaciones del cuerpo o del lenguaje, permiten decir que su esencia, su representación simbólico-mimética, garantiza una suerte de existencia en ausencia del animal, aun cuando, por agotamiento de la caza, el animal llegue a desaparecer por largos periodos o comparece muy raramente, con consecuencias de miedo e incertidumbre semejantes a las que en el niño provoca la desaparición de los padres proveedores de alimentos. Dicha esencia simbólico-mimética del animal sagrado puede adoptar formas acomodaticias diferentes, incorporadas a los rituales, tales como calaveras, pieles para disfrazarse, representaciones pictóricas. La posibilidad combinatoria de tales representaciones esenciales abre el camino a la fase propiamente de religiosidad positiva, pues se producen esencias fantásticas, como ocurre en la representación pictórica del <<hechicero magdaleniense>> de la cueva de Trois-Frères, en la que se representa una figura imaginaria de un mochuelo con barba de bisonte, orejas de lobo y astas de ciervo. Es decir, un demonio. La religión de los démones es entonces la religión positiva, propiamente dicha, más antigua (En esto nos apartamos de la interpretación de las posiciones mantenidas por G. Bueno en una dirección semejante a la sostenida por David Alvargonzalez en su artículo "El problema de la verdad en las religiones del Paleolítico", publicado en *Filosofía y Cuerpo. Debates en torno al pensamiento de Gustavo Bueno*, P. Peñalver (edit.), Ediciones Libertarias, Murcia, 2005, pp. 213-243).

El paso a una fase posterior de la religiosidad presupone una serie de importantes cambios que conducen al establecimiento de una sociedad política sedentaria a la que se accede con el desarrollo de la agricultura y la domesticación de los animales. La progresiva pérdida por los animales de la numinosidad y el misterio, debido a las técnicas de domesticación y de reproducción doméstica, hace que este se traspase (*metabasis allo genos*), según Gustavo Bueno, a otras fuerzas misteriosas, los astros, los fenómenos meteorológicos, las semillas vegetales, que emergen como influyentes y determinantes en la bondad o maldad de las cosechas en una sociedad que depende ahora principalmente de la agricultura. El cambio de referencias se hará tomando las figuras de los démones animales como modelos para reorganizar los nuevos y misteriosos fenómenos de los que se pasa a depender vitalmente. La bóveda celeste será vista como bóveda zodiacal, y los hechiceros expertos en demonología serán sustituidos por sacerdotes expertos en astrología. Los nuevos seres misteriosos, la Luna, el Sol, la Tierra, las semillas de trigo serán considerados como dioses, fuerzas más poderosas que los démones animales, pues estos tienen también un dueño del que dependen, por ejemplo, la diosa-madre Tierra, señora de los animales. Nombre que resulta de la transposición a la Tierra del efectivo dominio que los hombres, por las técnicas de domesticación, han adquirido sobre los animales, convirtiendo su antigua dependencia en recién adquirido señorío. De aquí surge la tendencia hacia la antropomorfización de las nuevas divinidades que culminará en la mitología griega. De ahí que el recorrido de las grandes mitologías clásicas, de las que conservamos documentación, la caldea, la hindú, la egipcia y la griega, pueda ser analizado como una combinatoria de astros y fuerzas meteorológicas, animalizados en principio y progresivamente humanizados, tal como refleja el gran intento sistematizador realizado por el Schelling tardío en su monumental *Philosophie der Mytologie*.

La creación mitológica de divinidades misteriosas se multiplica, como en la religión primaria o natural, mediante tal combinatoria. Pero en este caso la antropomorfización lleva al desarrollo del álgebra del parentesco en las relaciones entre las divinidades, con el añadido del débil conocimiento que aún existe de la naturaleza de los astros y de las fuerzas meteorológicas; lo cual introduce una gran dosis de sabiduría ficción o imaginaria, pues el conocimiento de estos elementos naturales, aunque sea para la pura supervivencia, no puede ser alcanzado por la pura práctica humana, como ocurría a través de la caza con los animales de la religiosidad primaria. Se requiere el desarrollo de conceptos matemáticos que no cristalizarán de un modo adecuado hasta la Geometría griega. Por ello, la tendencia al delirio es inevitable, con graves consecuencias destructivas para la vida humana ética-familiar que se ve enteramente descompuesta con la aparición de divinidades terribles y extravagantes a las que se sacrifican virtudes familiares tenidas por sacrosantas. Schelling relata, en la obra citada, la introducción de la prostitución obligatoria en los templos, la emasculación de los sacerdotes, etc., como fenómenos aberrantes que provienen del apoderamiento de la conciencia natural humana por creencias mitológicas que provocan una especie de alienación necesaria.

Solamente cuando se empiezan a construir, mediante los modelos que aporta la Geometría griega, explicaciones racionales del movimiento y estructura de los astros-dioses y de las fuerzas naturales, sustituyendo las relaciones antropomórficas de parentesco que las regían por relaciones geométricas y matemáticas simples, es posible el comienzo de una crítica al delirio mitológico secundario. Dicha racionalización, a través de la filosofía griega principalmente, conduce a las religiones monoteistas o teológicas. En ellas se inicia un proceso normalizador, semejante al que cumple la aparición del Derecho como regulador de los conflictos entre las normas familiares y estatales. La regulación se ejerce ahora entre los conflictos que se producen entre la zoolatría y la cosmolatría, o dicho en términos cristianos entre demonios y ángeles. En tal sentido, el monoteísmo es una solución unificadora resultante del equilibrio de ambas tendencias y de la elevación de la figura humana a un plano superior, en la figura de Cristo, al que ocupan ángeles y demonios, el cual, por tanto, sólo se mantiene suponiendo este dualismo de base, tal como lo pretendió defender ya Schelling contra Hegel, en su escrito *Der Monotheismus*. Las religiones monoteístas, especialmente el cristianismo con su Teología dogmática, son dogmáticas en el sentido de que su objetivo principal es conciliar, en una serie de normas o dogmas, los conflictos entre la revelación y la razón, entre la Teología Revelada (religión primitiva u originaria) y la Teología natural (religión racional). Uno de los conflictos más interesantes de las religiones monoteístas es el de la lucha contra los ángeles (El sueño de Jacob) o contra los demonios (la serpiente del Paraíso) o la propia lucha entre los ángeles y demonios (rebelión de Lucifer). Dichos conflictos culminarán en el cristianismo con el ascenso del hombre por encima de los ángeles y el descenso de los ángeles caídos al rango de demonios malignos.

En tal sentido, el resultado de la lucha muestra, no tanto una eliminación completa de los ángeles y demonios, sino un reequilibrio en el que asciende la figura del hombre como hijo de Dios. El Cristianismo, con su tendencia a identificar humanidad y divinidad (Dios se hace Hombre y viceversa, en Hegel), abre el camino a la antropomorfización del mismo Dios, con la inclinación, no sólo al ateísmo (Strauss, Feuerbach), sino hacía la irreligión (el maquinismo o mecanicismo cartesiano de los animales, la religión de la Humanidad de Comte). Con la crisis del mecanicismo científico que se abre en el siglo XIX, anticipada en la Crítica del Juicio de Kant, dicho antropocentrismo racionalista y científico se muestra utópico, con lo que en el siglo XX, de la mano del Vitalismo, se abre el camino a un reencantamiento del cosmos con el interés por la posible existencia de vida en otros planetas, de seres personales extraterrestres, los cuales unas veces serán percibidos como fabulosos animales no-linneanos, otras como ángeles o genios aéreos de naturaleza energética desconocida. Y se abre una nueva reedición de la lucha contra ellos, no por modo de extinción sino de búsqueda de compatibilidad, separando extraterrestres (demoníacos o angélicos) buenos y malos, a diferencia del Cristianismo moderno en el que se pretendió eliminar al demonio, encarnación exclusiva del mal, como una nada, una mera ausencia de bien, según Leibniz. En tal sentido las religiones teológicas no tienen una sustantividad propia, como si la tenían las religiones mitológicas, al esfumarse la numinosidad y el misterio en el animal por el desarrollo de la domesticación y dominio muy superior de los animales por el hombre.

Pero no se ha producido un dominio equivalente del Cosmos físico. Por el contrario, cuanto más se desarrolla la ciencia en el siglo XX, más clara aparece su inconmensurabilidad y más se fortaleza el misterio supra-racional de fondo que sigue envolviendo al Universo. De ahí que ya Herbert Spencer, corrigiendo el optimismo comtiano, tratará de rehabilitar la sabiduría religiosa en lo que tiene de mantenedora del misterio que envuelve al mundo, sabiduría que él pensaba que, lejos de ser anticientífica, confluía en su época con el descubrimiento de los límites insuperables del conocimiento humano, no sólo del puramente racional sino del conocimiento científico positivo. De ahí que mientras no cambie tal situación asistamos a un refortalecimiento de las religiones monoteístas que, en las sociedades más influidas por la ciencia y la industria, seguramente tomará la forma de una especie de religiosidad civil. Pero en las sociedades más atrasadas, como es el caso del mundo islámico, el reforzamiento del monoteísmo puede adquirir un carácter de reforzamiento del fanatismo más inhumano.

Valores políticos

El desarrollo de las tribus primitivas, al chocar con otras tribus en la disputa de la caza, abre la posibilidad de la aparición del Estado como organización territorial. El tipo de asociación humana más temprana está en continuidad con las sociedades propias de nuestros antepasados evolutivamente más próximos, los primates. No obstante, las sociedades humanas más primitivas se diferencian de las sociedades de los simios por las características de lo que se denomina el proceso de hominización. Mediante dicho proceso se produce la irrupción de la racionalidad específicamente humana, en la cual, como señalamos más arriba, parece tener un peso decisivo la aparición de una mano libre, debido a la bipedestación y dotada de unas características de movilidad operatoria nuevas con respecto a nuestros parientes más cercanos, los simios. La observación y ponderación del papel de las manipulaciones en el desarrollo de la inteligencia humana técnica y emocional es relativamente reciente, tanto desde el punto de vista de la ontogénesis (Piaget) como de la filogénesis (Frank Wilson). Asimismo, la conexión cada vez más clara entre el desarrollo de las manipulaciones y el progresivo aumento de las circunvalaciones y potencia cerebral, parece estar en relación con las características más específicas del lenguaje humano, situado por ello en un nivel inalcanzable para el resto de los animales. La manipulación especifica humana, base de la aparición de la técnica hace aproximadamente dos millones de años en el *homo habilis*, implica la existencia de un *logos* normalizado y acumulativo, frente a cualquier tipo de inteligencia animal. De ahí que la diferencia entre el hombre en estado de naturaleza, el buen salvaje rousseauniano y las hordas de simios, sea sustancial en lo que se refiere a la introducción de una conducta racional que permite un cálculo normalizado, tanto en la construcción de herramientas como en la configuración de los principios imitativos en torno a los cuales se rige la familia y las primitivas agrupaciones humanas, base de la primera educación.

Esta racionalidad manual es la que, debido a un desarrollo iné-dito de la memoria, junto al desarrollo del lenguaje con capacidad narrativa, la denominada habilidad mimética por Merlín Donald, por la cual se transmiten mediante tradición oral conocimientos que se acumulan de generación en generación, ha hecho posible el surgimiento de una personalidad esférica o cerrada, la cual sabe, a partir de un cierto momento de madurez, para alcanzar el cual son indispensables los relatos de la tradición, que su vida está limitada por dos cotas, el nacimiento y la muerte. Sus principios de conducta giran, desde entonces, como señaló Spinoza en su *Ética*, en torno a dos ejes: la firmeza o resistencia del individuo para perseverar en su ser y la generosidad o fraternidad con el pequeño circulo que le rodea y sin el cual no podría subsistir. Siendo también circunscrito su radio de máxima acción a estructuras sociales del tipo familiar o sus múltiplos, en las que el número limitado y relativamente pequeño de interacciones permita la cohesión del grupo. Robin Dunbar, al que citamos más arriba, estableció una relación entre el desarrollo del neocórtex, la parte de evolución más reciente en el cerebro de un primate, y el tamaño de un grupo social estable: cuanto más grande es la <<tribu>>, mayor es el neocórtex de sus individuos. Dichas hordas o bandas pueden formar agrupaciones mayores como clanes (150 individuos), mega-bandas (500 individuos) o tribus (1500-2000 individuos). Pero, como ha demostrado Dunbar, las relaciones personales entre los individuos solamente se mantienen en grupos por debajo de los 150 individuos, que corresponde a la estructura de un clan familiar. Dicho tamaño se mantiene en los pueblos de las primeras sociedades agrícolas de 5000 años antes de Cristo, en la moderna horticultura de Indonesia, Filipinas o Sudamérica, o en las comunas mormonas o hutteritas (R. Durban, *op.cit.,* p.71 ss.) Además, los clanes están asociados a menudo con alguna función estético-ceremonial, como ritos de paso de adolescentes, matrimonios, o ritos que refuerzan las relaciones con los ancestros. La especificidad propia de los clanes familiares humanos, en relación con otras estructuras similares de los primates, reside en la sustitución, por ejemplo, de un ritual como el despiojamiento, cuya función, no era solo sanitaria sino también de trabazón y unión del grupo, por esa especie de acicalamiento o masaje lingüístico que es el ritual del cotilleo social. Mediante él se forman grupos o coaliciones de individuos ligados por relaciones fuertemente personalizadas.

Por tanto, a partir de cierto número de individuos (150), las relaciones personales son imposibles, generándose otro tipo de relaciones personales indirectas, que son un presupuesto de lo que serán las relaciones estrictamente políticas. Por ello los clanes familiares, una vez que alcanzan un grado de desarrollo que sobrepasa los 150 individuos por persona, se descomponen, en lo que respecta a la naturaleza fuertemente personalizada de sus relaciones, para dar lugar al nacimiento de un nuevo tipo de organización, basada en un tejido conjuntivo de relaciones impersonales de mediadores burocráticos. La ulterior posibilidad que queda es el choque de estas organizaciones tribales con otras del mismo rango, lo que da lugar al establecimiento de fronteras territoriales para las que se necesita el desarrollo de un tejido nuevo, un tejido fronterizo, por el cual se establece la relación interestatal, sea pacífica (comercio, intercambio cultural) o no-pacífica (guerra, conquista, etc.).

Con ello, en caso de coexistencia no-pacífica, la caza restringida hasta entonces de modo habitual frente al animal se extiende ahora también a otros homínidos competidores a los que, una vez cazados, eventualmente también se les come. Pues ya Augusto Comte decía que el canibalismo debió preceder al esclavismo en las relaciones entre los diferentes grupos humanos. Sin embargo, propiamente hablando, la horda todavía no es una familia en sentido estricto. Pues lo que llamamos tal es una institución muy posterior enteramente diferente de las hordas animales, ya que la familia, en sentido humano estricto, presupone al Estado, del cual es su contrafigura.

Como escribe Ortega:

"...si investigamos qué forma de sociedad aparece inmediatamente después de la forma informe que hemos llamado <<horda>>, nos encontramos con una sociedad dotada ya de un comienzo de organización. El principio de esta organización es sencillamente la edad. El cuerpo social ha aumentado en número de individuos y de horda se ha convertido en tribu. Pues bien, las tribus primitivas aparecen divididas en tres clases sociales: que no son, ciertamente, económicas, como preferiría la tesis socialista, sino la clase de los hombres maduros, la de los jóvenes y la de los viejos. No hay otras distinciones, y, por supuesto, no existe aún la familia. Tan no existe, que todos los pertenecientes a la clase joven se llaman entre sí hermanos y llaman padres a todos los de la clase de más edad (...) Sin embargo, de estas tres edades, la que predomina por su poder y autoridad, la que manda y decide no es la de los hombres maduros, sino la de los jóvenes" (J. Ortega y Gasset, *Ibid.*, t. II, p. 712).

En tal sentido es importante tener una Idea previa de cómo pudo surgir el Estado. Existen, por supuesto, las teorías clásicas del "contrato social" de Hobbes, Locke o Rousseau. Pero tales teorías, aun cuando son útiles para explicar racionalmente la dinámica en que se basa el poder político, fracasan cuando pretenden buscar la situación histórica en la que dicho pacto tuvo lugar por primera vez. Es decir, fallan a la hora de dar una explicación genética y no meramente estructural del Poder político. Pues el Estado, aunque se basa en un "pacto", no nace de este. Ni tampoco de la mera utilidad que proporcionan los intercambios sociales ocasionales. Ni es una mera ampliación cuantitativa de la familia. El Estado es más bien el que permite, con su aparición, transformar la estructura del matrimonio primitivo, en el que todavía no se tenía conocimiento de la paternidad biológica, -pues las funciones de padre las desempeñaba el hermano mayor de la madre, el tío-, en una nueva estructura ya propiamente familiar.

Así Ortega y Gasset, por ejemplo, supone que la aparición de la exogamia fue determinante en la aparición del Estado. Basándose en investigaciones de la etnología de su tiempo, Ortega ofrece una explicación del origen del Estado relacionándola con el rapto de mujeres promovido por los guerreros jóvenes, que en la adolescencia buscan la relación con otros jóvenes, la cual acaba institucionalizadose en una casa o cabaña mayor que las destinadas al alojamiento de las primitivas familias:

"En el año 1902 publicó el genial etnólogo Schutz un libro que bien merecía ser más conocido. En él hace notar con sorpresa que en muchos pueblos primitivos y bajo la especie de residuo y supervivencia, en casi todos ellos, existe una casa o cabaña mucho más capaz que las destinadas a alojamiento de cada familia, la cual es rodeada de un respeto, un miedo y un acopio de preocupaciones rituales verdaderamente extraños. Además, dondequiera es tenida la institución, ya que no su materia, como la más antigua y arcaica. En ella se encierran los principales ídolos, sobre todo <<totémicos>> o de animales, y toda suerte de utensilios religiosos. De sus paredes penden máscaras horribles y bajo ellas los tambores y flautas de guerra y festival. A veces, se hallan también calaveras y aun cabezas frescas o momificadas. Toda esta conjunción de elementos es curiosa nada más, pero falta lo más interesante: en estos grandes albergues viven en común los hombres solteros, los jóvenes" (Ibid., t, III, p. 782)

Dicha "casa de los solteros" estaría en el origen de la exogamia, la primera ley matrimonial que obliga a buscar esposa fuera de los consanguíneos, pues es este lugar, primer cuartel, sede de una sociedad secreta, donde se reúnen los jóvenes de las hordas próximas y donde toman una decisión que tendrá gran trascendencia histórica: robar las mujeres de otras hordas para lo que deben iniciar una guerra ofensiva y no ya meramente defensiva como la que se necesitaba para defender la territorialidad necesaria para la caza y recolección de frutos propia y dada en función de la subsistencia del grupo e ya inscrita en el propio instinto de territorialidad animal.

En tal sentido habría, según Ortega, una estrecha relación entre la exogamia, la guerra y la aparición de una sociedad fuertemente jerarquizada y disciplinada que configura el germen del Estado. Su origen no tendría tanto causas económicas, como sostenían Rousseau o Marx, sino causas biológicas. Como reacción a esto aparece la familia propiamente dicha:

"Pero no es dudoso que esta época, en que predominó sin trabas ni freno la gresca juvenil, fue tiempo duro y cruel. Era preciso que el resto de la masa social procurase su defensa frente a las asociaciones bélicas y políticas de los mozos. Entonces se organiza frente a ella la asociación de los viejos: el Senado. Viven éstos con las mujeres y los niños, de los que no son o no se saben maridos ni padres. La mujer busca la protección de sus hermanos y hermanos de su madre, y se hace centro de un grupo social opuesto al <<club>> de varones; es la primera familia, la familia matriarcal, de origen, en efecto, reactivo, defensivo y opuesto al Estado" (Ibid., t. II, p. 715).

En tal sentido, Ortega conecta el "rapto de las sabinas" perpetrado por los romanos con el origen de su Estado:

"Y, para colmo de convergencias sugestivas, recordamos que se enlaza con la instauración de la ciudad (Roma) la leyenda del rapto de las sabinas como una de las primeras hazañas realizadas por Rómulo y sus compañeros. Nuestra interpretación permite reconocer en esta leyenda un hecho bien general y notorio, característico de un estadio en la evolución social. En los ritos matrimoniales de Roma perduró la huella del rapto originario, ya que, como es sabido, la esposa al ingresar en la casa de su marido, no lo hacía por su pie, sino que éste la tomaba en vilo, a fin de que no pisase el dintel, simbolizando así que había sido arrebatada" (Ibid., t. II, p. 719).

En un clan familiar, las relaciones parentales alcanzan hasta cuatro generaciones simultáneamente. Por ello, sin tener que contemplar el grupo familiar a lo Rousseau, como un estado de acracia igualitaria, sino como sociedades naturales ligadas ya por relaciones de dominación predominantemente de tipo parental, con relaciones de subordinación de los más débiles, los niños, a los mayores, que a la vez no excluyen relaciones de coordinación plenamente aceptadas, pues, según Aristóteles, la familia es una estructura en la que la desigualdad natural (padres/hijos) está compensada por la fraternidad o *filia*. Por ello, en el clan familiar el individuo es reconocido como persona y su pérdida es considerada como irreparable. Mientras que cuando se constituyen grupos como los de jóvenes guerreros, en los que las relaciones humanas están determinadas, no por la acción individual-familiar personalizada, sino por la férrea, disciplinada, e igualitaria acción organizada de los guerreros, sobre todo cuando su número sobrepasa los 150 individuos, en la que cada uno de ellos caído en combate puede ser sustituido por otro cualquiera que emule su valor y coraje. En dicha perspectiva la autodeterminación del individuo, ordenada a su conservación como persona, no es indispensable en aquellas circunstancias en que su sacrificio puede redundar en beneficio del grupo de guerreros. Es en este nuevo orden tribal proto-estatal, en el que aparecen y se constituyen las relaciones políticas humanas, como distintas de las puramente familiares.

Pero la contradicción entre las normas que rigen las relaciones familiares, y las que rigen las relaciones estatales no desaparece, oscilando en unos casos hacia un lado y en otros hacia otro, en una

135

rica y cada vez más compleja casuística normativa. La búsqueda de una normativa conciliadora es lo que se produce con el nacimiento del Derecho, primero encarnado por el consejo de ancianos, que por su mayor sabiduría puede mediar en las disputas entre familia y Estado. Posteriormente las sentencias que se hayan demostrado más acertadas para la supervivencia de las tribus alcanzarán el rango de códigos estables, como el de Hanmurabi. El Estado de Derecho o civilizado no se reduce por ello a una mera agrupación de tribus, sino que supone la aparición de un nivel de relaciones humanas regido por principios nuevos, que tratan de conseguir una unidad más fuerte estableciendo equilibrios entre los valores familiares y los valores políticos, esto es entre los valores individuales y los grupales o entre las disputas interindividuales o intergrupales.

La aparición del nivel estatal supone un límite al desarrollo espacial o territorial de las sociedades humanas pero, al darles una conexión interna más fuerte y duradera, supone también una mayor duración en el tiempo de dichas sociedades, para lo cual aparece como imprescindible la fijación escrita de las normas y leyes, con el fin de que no estén sometidas a las variaciones y azares de la tradición oral, y vayan constituyendo una tradición acumulativa, enteramente objetivada, de normas encontradas tras largas experiencias en la solución de conflictos. Dichas normas, según Gustavo Bueno, cuando expresan soluciones a los conflictos (sistematizando las normas familiares y políticas en su conflictiva relación, resolviendo contradicciones, llenando lagunas, coordinando dichas normas, intercalando otras específicamente jurídicas) entre la dimensión familiar y la dimensión política, u otras, constituyen el origen del Derecho. En tal sentido, el Derecho sería la solución estrictamente normativa a los conflictos entre las normas generadas en las sociedades humanas dadas en relaciones personales propias de clanes familiares y la normas propias de sociedades políticas más complejas y necesitadas del desarrollo de un tejido conjuntivo de relaciones humanas que rebasan el alcance de las relaciones individuales personales. Con conflictos entre los principios personalizados, que rigen internamente dichos clanes familiares y los principios impersonales propios de organizaciones políticas que pueden llegar a ser muy extensas, lo que conduce al establecimiento de nuevos principios orientados a la preservación de la nueva unidad social lograda, unidad más amplia y fuerte para la supervivencia de la especie, a la cual se deben subordinar los valores familiares si es preciso. Seguramente la tendencia de este orden político-moral estaría orientada a la eliminación de los derechos familiares y a la constitución de sociedades de moral cerrada, en el sentido del Bergson de *Las dos fuentes de la moral y de la religión* (1932), de sociedades totalitarias, como fueron ejemplos eminentes la sociedad espartana, la nazi o la comunista junto con las llamadas sociedades bárbaras en general. Pero cuando dichas sociedades cerradas encuentran un límite o frontera con otra sociedad equivalente, se ven abocadas a frenar esa tendencia al cierre moral, buscando un compromiso que redistribuya el peso de las normas éticas y morales, para mantener la mayor unidad interna del grupo frente a una amenaza externa considerable, que es lo que se consigue con el establecimiento del Derecho, con el fin de fijar una constitución normativa asumida por ambas partes y que dure en el tiempo.

A su vez las relaciones entre Estados dan por analogía un Derecho internacional, el cual, sin embargo, al no poder constituirse en un ámbito cerrado de soberanía, permanece siempre afectado de una debilidad constitutiva y que a todo lo más puede apoyarse en el surgimiento de poderes transnacionales, lo cual solo ha empezado a ocurrir realmente en la época actual, con el surgimiento de sociedades industriales o financieras multinacionales globales, policías y tribunales de justicia internacionales, civilizaciones, como estructuras de orden superior a los Estados, etc.

Valores éticos y morales

Por último, trataremos de los valores ético-morales. Históricamente hablando son los últimos en aparecer y ser formulados como
tales. Pues las doctrinas éticas o morales, como doctrinas o explicaciones filosóficas sobre las costumbres individuales (*ethos* en
griego) o sociales (*mos* en latín), no aparecen propiamente hasta los
griegos. Y ello es así porque con los griegos aparece también, por
primera vez en la historia humana, el conocimiento científico,
desarrollado en su Geometría euclidiana, como un tipo de conocimiento racional y enteramente cierto y objetivo (*episteme*) al que se
contrapone otro conocimiento subordinado a fines subjetivos, que
incluye la prudencia (*phronesis*), tales como la consecución de la
salud, la felicidad, el placer o el bien en el curso de la limitada vida
humana. La historia de las doctrinas éticas, desde los griegos hasta
nosotros, pasa por unos estadios que recuerdan los estadios que
Piaget distinguía en el desarrollo del juicio moral en el niño: así se
suele distinguir un primer periodo hasta Kant de éticas heteró-
nomas o materiales. En ellas predominarían los imperativos hipo-
téticos por los cuales la conducta ética trataría de guiarse y fortale-
cerse predominantemente por la "acomodación" del sujeto con
vistas a la consecución de algo material que se toma como un bien
supremo o una meta, sea el placer, la felicidad o la salud. Un
segundo estadio que inaugura el propio Kant al introducir la
autonomía del individuo como condición ineludible de la
moralidad. Lo que traducido a nuestros términos significa el paso al
límite de los procesos de imitación heterónomos cuando se
propone el "sé tú mismo", "sigue tu propia conciencia", etc. En tal
sentido, cuando se desarrolla una conducta de ese tipo, los
principios morales se convierten en algo propio, en algo que se
"asimila" a la esencia de la personalidad más autentica. Se convierten en algo puramente formal, como una pura regla que regula
nuestra conducta. Así como los niños, en los juegos de las canicas
estudiados por Piaget, se concentran en las normas de una manera
puramente formalista, sin tener en cuenta otras circunstancias, la
ética formalista, que inicia Kant, insiste en que lo prioritario es el
cumplimiento del deber, el atenerse a los mandatos puros o imperativos formales sin más consideraciones.

Por supuesto, la ética kantiana presupone todo el proceso, iniciado por la Reforma protestante y que culmina en la Gran Revolución francesa, en el que se proclaman como supremos los derechos del individuo, los famosos Derechos Humanos. Tales derechos resultan de la nueva Constitución política que triunfa en la Revolución francesa en la que se plasman los resultados de las discusiones de los filósofos modernos, Spinoza, Hobbes, Locke, Rousseau, etc., los cuales, influidos por el racionalismo de la ciencia moderna de la naturaleza que se constituye en el Renacimiento, utilizan dicho racionalismo para criticar el Antiguo régimen político constitucional, basado en privilegios y desigualdades, difícilmente justificables en la nueva consideración que de la naturaleza, tanto de la física como de la humana, presenta la ciencia moderna. Pues, de la misma manera que la física moderna, desechando y destruyendo las explicaciones milagrosas irracionales, regresa, en su análisis de la materia, a unas masas atómicas a partir de las cuales trata de explicar cómo se construyó necesariamente la naturaleza, los cuerpos celestes y terrestres, pensando dichos cuerpos como sometidos a la ley racional de la gravitación universal, los filósofos aplican dicho método racionalista de análisis a la sociedad política. Critican y destruyen las justificaciones míticas o religiosas que pretendían reservar atributos del poder político, como la soberanía, a determinados estamentos de la sociedad, como los nobles o el clero, considerando, - en un proceso de reducción racional de la sociedad a un todo compuesto de individuos humanos, o átomos racionales, cuya conducta está sometida igualmente a leyes psicológicas muy simples -, que dicha sociedad está sometida a leyes racionales. Tal proceso de racionalización de la sociedad conducía a la trituración de las divisiones sociales en estamentos, razas, lenguas, oficios, etc., hasta alcanzar la idea del individuo como última unidad que ya no se podía dividir más:

"...en el proyecto original de la izquierda revolucionaria figuraba la necesidad de detener el proceso de trituración o lisado de las <<partes anatómicas>> del Antiguo régimen, al llegar a los individuos humanos, a los átomos racionales de la sociedad (<<individuo>>, como hemos dicho, es el calco latino del <<átomo>> griego, que siglos atrás había realizado Boecio). Ahí estaba la Declaración de los Derechos del Hombre. Una Declaración, cuyo preámbulo fue obra de Mounier, que también intervino en la redacción de sus diecisiete artículos, junto con Lafayette, Sieyes y Talleyrand; una declaración que fue votada el 27 de agosto de 1789, y en la que se establecía, ante todo, que la Naturaleza ha hecho a los individuos humanos libres e iguales (…). Una declaración en la cual la sociedad humana es analizada en sus átomos. Libre e iguales, del mismo modo que la Teoría cinética de los gases analizaba a éstos como compuestos de <<átomos>>, también libres e iguales. Dicho de otro modo: la trituración holizadora debía detenerse en los individuos humanos; no podía continuarse en una trituración de los propios individuos que llegase hasta sus moléculas químicas, hasta los elementos de los cuales, sin duda, los individuos humanos estaban compuestos" (G. Bueno, *El mito de la izquierda*, Ediciones B, Barcelona, 2003, pp. 125-6).

Las unidades de la sociedad moderna resultado de la Gran Revolución no son ya, pues, ni las familias, ni las tribus, ni el estamento militar organizado como Estado y contrapuesto a las unidades familiares, como vimos. El nuevo poder soberano de las sociedades democráticas modernas son los individuos libres. Pero, así como la aparición del proto-estado de guerreros por la exogamia provocó la aparición de la institución familiar como algo que se le oponía y limitaba su poder, la proclamación de los derechos individuales, como derechos éticos, en tanto que universales, provocó la aparición de una nueva institución, la nación política moderna como limitadora de la extensión, de hecho, de dichos derechos a todo el género humano:

"…el proceso de holización que, partiendo de la sociedad política francesa del Antiguo régimen nos conduce a una sociedad que se nos presenta como constituida a partir de individuos o átomos racionales, iguales entre sí, y libres, tendría como consecuencia la <<anegación>> de los ciudadanos franceses en el océano de una Humanidad en la cual, las paredes de los recintos holizados (los estados), que separan a los hombres alojados en ellos, habrían también quedado disueltas. Pero esto es tanto como decir que a partir de los individuos o átomos racionales no podríamos reconstruir la Francia de la que habíamos partido; es tanto como decir que si la reconstruimos, de hecho, es porque la hemos mantenido presupuesta, de acuerdo con el dialelo, porque únicamente en virtud de un dialelo es posible la reconstrucción (…). Será preciso, por tanto, crear un concepto, en realidad una categoría política nueva, mediante la cual podamos definir esa realidad a la cual pretendemos alcanzar, partiendo de un estado previo plenamente constituido, en el interior de sus fronteras, mediante la resolución de sus miembros en sus átomos racionales, pero de tal suerte que la sociedad política reconstruida, lejos de quedar anegada <<en la humanidad que la envuelve>>, pueda mantenerse en los límites de su <<ámbito natural>> (en rigor: de su ámbito histórico). La categoría política que exige esa racionalización, por holización, es precisamente la categoría que creó la Gran Revolución, la categoría que conocemos hoy como *Nación política*" (G. Bueno, Ibid., pgs. 126-128).

Con ello la oposición sociopolítica del mundo antiguo, entre dos tipos de institución social, la Familia y el Estado, se transforma, como consecuencia de las revoluciones modernas, en una oposición más básica de tipo político-moral, la que media entre el Individuo y la Nación. La oposición entre los valores de la *filía* o fraternidad familiar y los valores de la *isonomía* o igualdad de la *polis* es sustituida ahora por la oposición entre los valores de la libertad individual, propios de todo ser humano, enfrentados o limitados por los valores del grupo nacional (francés, inglés, español, etc.). Dicha contradicción, cuando es irresoluble dentro del marco nacional, pide la constitución de un derecho internacional sostenido por una Sociedad de Naciones que previamente hayan sido modernizadas. Es claro por ello que la ONU actual, en tanto que en ella conviven naciones premodernas, que no respetan los derechos humanos ni los incluyen en sus Constituciones, no puede ser el sostén más efectivo de tal Derecho Internacional. La unidad más amplia que hoy puede funcionar en tal dirección es la unidad de una Civilización moderna, como la Europeo-norteamericana, en tanto que a través de poderes ejecutivos comunes como la OTAN, puede poner en manos de tribunales internacionales modernos a los criminales tanto por genocidio como de crímenes contra la humanidad. Pero ante el resurgir poderoso de una antigua civilización como la China, muy diferente de la Occidental y opuesta a ella en aspectos esenciales, parece muy problemática todavía la efectividad de un Derecho Internacional Global.

Finalizamos aquí esta exposición general y sistemáticamente fundada a partir de la racionalidad manual del mapa conjunto que permite agrupar y orientarnos en la compleja realidad que constituye nuestro conocimiento actual del mundo en que vivimos. Cada una de estas partes del mundo que hemos distinguido y reconstruido, apoyándonos en saberes positivos probados por la técnica y ciencia, exige por supuesto un desarrollo particular mucho más amplio que se apoye sistemáticamente también y se desarrolle según los principios de la racionalidad manual que hemos establecido. De momento podemos ofrecer uno de estos desarrollos particulares en nuestro libro de próxima publicación titulado *Fronteras en el origen*, en el que desarrollamos una nueva Teoría del Estado.

www.ingramcontent.com/pod-product-compliance
Lightning Source LLC
Chambersburg PA
CBHW020239290526
45784CB00003B/1040